JOHN C. MAXWELL

ACTITUD

101

LO QUE TODO LÍDER NECESITA SABER

BETANIA

Un Sello de Editorial Caribe

Betania es un sello de Caribe-Betania Editores.

© 2003 CARIBE-BETANIA EDITORES.
Una división de Thomas Nelson, Inc.
Nashville, TN-Miami, FL, EE.UU.
www.caribebetania.com

A menos que se señale lo contrario, todas las citas bíblicas son
tomadas de la Versión Reina-Valera 1960 © 1960 Sociedades
Bíblicas Unidas en América Latina. Usadas con permiso.

ISBN: 0-88113-765-0

Traductor: Ricardo Acosta
Tipografía: Marysol Rodriguez

Impreso en EE.UU.
Printed in U.S.A.

CONTENIDO

Prólogo del editor

¿Quién se preocupa por la actitud de una persona? Mientras alguien realice el trabajo, usted no debería preocuparse demasiado de eso, ¿no es verdad? Si John Maxwell creyera esto, usted no tendría ahora Actitud 101 en las manos.

Como experto en liderazgo estadounidense, el Dr. Maxwell ha dedicado su vida a ayudar a la gente a triunfar. Sus libros y seminarios enseñan que cualquiera puede tener VERDADERO éxito si llega a dominar cuatro áreas: relaciones, equipamiento, actitud y liderazgo. Este libro se ha diseñado para mostrarle a usted los puntos esenciales de las actitudes en un formato breve y fácil de leer.

La vida de las personas es muy agitada. Su tiempo es valioso, y sin embargo, también están sobrecargadas de información. En los últimos treinta años se ha producido más información que en los cinco mil años anteriores. Una edición semanal del Times de Nueva York contiene más información de la que probablemente el promedio de individuos en la Inglaterra del siglo diecisiete recibiría en toda su vida. La cantidad de infor-mación disponible en el mundo se ha doblado en los últimos cinco años, y seguirá duplicándose.

Por eso este libro, compañero de *Liderazgo 101*, *Relaciones 101* (disponible en enero del 2004) y *Equipamiento 101* (disponible en enero del 2004), es un cursillo sobre la actitud. El Dr. Maxwell reconoce que la actitud de usted como individuo influye profundamente en su vida. Como líder no puede hacer caso omiso de las actitudes de la gente que dirige y al mismo tiempo esperar llegar al éxito (ya sea que dirija un negocio, una familia, un equipo deportivo o un grupo de voluntarios). La actitud de una persona afecta sus relaciones, influye en su visión del fracaso y define su enfoque para triunfar. La actitud puede llevarle al éxito o a la ruina.

Publicar Actitud 101 nos llena de alegría porque comprendemos que pocas cosas en la vida son un activo mayor que una actitud de determinación positiva. Actitud 101 está diseñado para conferir poder a usted y a su equipo para alcanzar el éxito al ayudarles a equiparse con la clase correcta de actitud. Está aquí para que usted triunfe, ¡y para que alcance el siguiente nivel!

PARTE I

LA INFLUENCIA DE LA ACTITUD

I

¿CÓMO INFLUYE LA ACTITUD EN EL LIDERAZGO?

La actitud es siempre un «jugador» de su equipo.

A medida que crecía me gustaba el básquetbol. Todo se inició para mí en cuarto grado, cuando presencié por primera vez un partido de básquetbol colegial. Me fascinó. Después de eso, por lo general me encontraba practicando mis tiros y mejorando mi estilo en el pequeño patio de mi casa.

Cuando llegué a la secundaria, ya me había convertido en un jugador bastante bueno. Me inicié en el equipo juvenil como novato, y cuando estaba en segundo año nuestro equipo juvenil tenía un récord de 15-3, que era mejor que el del equipo de estudiantes de último año. Estábamos orgullosos de nuestro desempeño… quizás demasiado orgullosos.

Al año siguiente los críticos que seguían el básquetbol colegial en Ohio pensaron que nuestro equipo tenía posibilidades de ganar el campeonato estatal de nuestra división. Imagino que examinaron a los jugadores que volvían del equipo universitario del año anterior, vieron el talento que surgía de los juveniles, y se imaginaron que seríamos una potencia. En realidad teníamos mucho talento. ¿Cuántos equipos colegiales de finales de la década del 1960 podían decir que, a excepción de dos, todos los jugadores del equipo podían clavar la pelota sobre la canasta? Sin embargo, la temporada resultó muy diferente de las expectativas de todo el mundo.

DE MAL EN PEOR

El equipo tuvo problemas desde el inicio de la temporada. Dos de los juveniles teníamos talento de iniciadores para el equipo: John Thomas, que era el mejor rebotador del equipo, y yo, el mejor encestador. Pensábamos que el tiempo de juego se debía basar estrictamente en la habilidad, e imaginábamos que merecíamos nuestro lugar en el equipo. Los estudiantes de último año, que el año anterior se habían sentado detrás de los de último año, pensaban que debíamos pagar el precio y esperar en la banca.

Lo que el año anterior comenzó como una rivalidad entre juveniles y universitarios se convirtió en una guerra entre los de segundo año y los de último año. En las escaramuzas de los entrenamientos jugábamos unos contra otros. Durante los partidos, los mayores no hacían pases a los juveniles y viceversa. Las batallas se volvieron tan feroces, que al poco tiempo ni juveniles ni universitarios podían trabajar juntos en la cancha durante los partidos. Nuestro entrenador, Don Neff, debió separarnos. Los de último año iniciaban el partido, y cuando era necesario hacer un cambio no ponía a jugar a uno de segundo año sino a cinco. Nos convertimos en dos equipos en una lista.

No recuerdo exactamente quién empezó la rivalidad que dividió a nuestro equipo, pero sí recuerdo que John Thomas y yo la adoptamos desde el principio. Siempre he sido un líder, e hice mi parte al influir en otros miembros del equipo. Lamentablemente debo confesar que llevé a los juveniles en la dirección equivocada.

Lo que empezó como una mala actitud en uno o dos jugadores convirtió la situación en un desastre para todos. Cuando llegamos a lo más reñido de la programación, incluso los jugadores que no querían tomar parte en la rivalidad ya estaban afectados. La temporada fue un desastre. Al final quedamos con un pésimo récord y ni siquiera estuvimos cerca de alcanzar nuestro potencial. Con esto quiero mostrar que las actitudes pésimas arruinan a un equipo.

EL TALENTO NO BASTA

De mi experiencia del colegio aprendí que el talento no es suficiente para darle el triunfo al equipo. Por supuesto, el talento es necesario. Mi amigo Lou Holtz, el extraordinario entrenador de fútbol universitario, observó: «Para ganar tienes que tener grandes atletas... No puedes ganar sin buenos atletas, pero puedes perder con ellos». Sin embargo, para ganar también se necesita mucho más que personas talentosas.

Mis compañeros de la secundaria estaban llenos de talento, y si eso hubiera sido suficiente habríamos sido campeones estatales. Pero también estábamos llenos de actitudes dañinas. Usted sabe quién ganó al final la batalla entre el talento y la actitud. Quizás por eso hasta el día de hoy comprendo la importancia de una actitud positiva, y he puesto un gran énfasis en ella para mí mismo, para mis hijos mientras crecían, y para los equipos que dirijo.

Hace años escribí algo acerca de la actitud en mi libro Actitud de vencedor. Me gustaría compartirlo con usted.

Actitud...
Es la «relacionista» de nuestro verdadero yo.
Sus raíces son internas pero sus frutos son externos.
Es nuestra mejor amiga o nuestra peor enemiga.
Es más sincera y coherente que nuestras palabras.
Es una mirada al exterior basada en experiencias pasadas.
Es algo que acerca a la gente hacia nosotros, o la repele.
No está contenta hasta que se expresa.
Es la bibliotecaria de nuestro pasado.
Es el altavoz de nuestro presente.
Es el profeta de nuestro futuro.[1]

Las buenas actitudes entre los jugadores no garantizan el triunfo de un equipo, pero las malas actitudes sí garantizan su fracaso. Las cinco verdades siguientes acerca de las actitudes clarifican cómo estas afectan tanto al trabajo de equipo como al equipo mismo:

I. LAS ACTITUDES TIENEN EL PODER DE LEVANTAR O DERRIBAR UN EQUIPO

Denis Waitley declaró en *The Winner's Edge (La Ventaja del Ganador)*: «Los verdaderos líderes de negocios, de la comunidad profesional, la educación, el gobierno y el hogar también parecen acercarse a una talla especial que los separa del resto de la sociedad. La talla especial no está en una noble cuna, en un elevado coeficiente intelectual, o en el talento; está en la actitud, no en la aptitud».[2]

Creo que por desgracia muchas personas se oponen a este concepto. Quieren creer que el talento por sí solo (o talento con experiencia) es suficiente. Sin embargo, muchos equipos repletos de talentos nunca llegan a nada debido a las actitudes de sus jugadores.

Varias actitudes podrían impactar a un equipo formado por jugadores talentosos:

Habilidades		Actitudes		Resultados
Gran talento	+	Actitudes pésimas	=	Equipo malo
Gran talento	+	Actitudes malas	=	Equipo promedio
Gran talento	+	Actitudes promedio	=	Equipo bueno
Gran talento	+	Actitudes buenas	=	Equipo excelente

Si usted quiere resultados excepcionales necesita gente buena con gran talento y actitudes fabulosas. Cuando las actitudes mejoran, también mejora el potencial del equipo. Cuando las actitudes empeoran, el potencial del equipo empeora con ellas.

2. UNA ACTITUD SE ACRECIENTA CUANDO SE EXPONE ANTE OTROS

En un equipo hay varias cosas que no son contagiosas: talento, experiencia y buena disposición. Pero usted puede estar seguro de algo: La actitud es contagiosa. Cuando un miembro del equipo es dócil y su humildad se recompensa con superación, es muy probable que los demás exhiban características similares. Cuando un líder es optimista frente a circunstancias desalentadoras, los demás admiran esa cualidad y quieren ser como él. Cuando un miembro del equipo muestra una fuerte labor ética y comienza a tener impacto positivo, los demás lo imitan. La gente se inspira por sus compañeros. Las personas tienden a adoptar las actitudes de aquellos con quienes pasan tiempo... se apropian de su modo de pensar, sus creencias y sus enfoques ante los desafíos.

La historia de Roger Bannister es un ejemplo inspirador del modo en que las actitudes a menudo «se acrecientan». Durante la primera mitad del siglo veinte muchos expertos deportivos creían que ningún atleta correría una milla (1.6

kilómetros) en menos de cuatro minutos. Por mucho tiempo tuvieron razón. Pero entonces el 6 de mayo de 1954 el atleta y estudiante universitario británico Roger Bannister corrió una milla en tres minutos, cincuenta y nueve segundos y cuatro décimas durante un encuentro en Oxford. Menos de dos meses después, otro atleta, el australiano John Landy, también superó la barrera de los cuatro minutos. Entonces de repente docenas y luego millares más la superaron. ¿Por qué? Porque cambió la actitud de los mejores atletas. Ellos empezaron a adoptar los modos de pensar y las creencias de sus compañeros.

La actitud y las acciones de Bannister se incrementaron cuando las expuso ante los demás. Su actitud se extendió. Hoy día todo atleta de talla mundial que compite en esa distancia puede correr una milla en menos de cuatro minutos. ¡Las actitudes son contagiosas!

3. LAS MALAS ACTITUDES AUMENTAN MÁS RÁPIDO QUE LAS BUENAS

Solo hay una cosa más contagiosa que una buena actitud: una mala actitud. Por algún motivo muchas personas creen que ser negativas es estar a la moda. Sospecho que piensan que esto las hace parecer más inteligentes o importantes. Pero lo cierto es que una actitud negativa es más lo que hiere que lo que ayuda a la persona que la tiene. Además, también hiere a la gente que la rodea.

Para ver cuán rápido y fácilmente se extiende una mala

actitud o un mal modo de pensar, simplemente piense en esta historia de Norman Cousins: Una vez durante un partido de fútbol americano, un médico del puesto de primeros auxilios trató a cinco personas de lo que sospechó que podría ser envenenamiento por alimentos. Pronto descubrió que las cinco habían comprado bebidas en una caseta concesionada del estadio.

El médico pidió al anunciador que avisara al público del estadio que evitara comprar bebidas de ese vendedor en particular, debido a la posibilidad de envenenamiento. Al poco tiempo más de doscientas personas mostraron síntomas de envenenamiento. Casi la mitad de los síntomas eran tan graves que estas personas fueron llevadas al hospital.

Sin embargo, la historia no termina allí. Después de un poco más de trabajo detectivesco se descubrió que las cinco víctimas originales habían comido ensalada de papas contaminada en una charcutería particular en el camino al estadio. Cuando los demás «afectados» descubrieron que las bebidas en el estadio eran buenas, experimentaron recuperaciones milagrosas. Con esto sencillamente deseo mostrarle que una actitud se esparce muy rápidamente.

4. LAS ACTITUDES SON SUBJETIVAS, ASÍ QUE PUEDES SER DIFÍCIL IDENTIFICAR UNA MALA ACTITTUD

¿Se ha relacionado usted alguna vez con alguien por primera vez y ha sospechado que la actitud de esa persona era mala, sin embargo fue incapaz de identificar exactamente lo que estaba mal? Creo que mucha gente ha tenido esa experiencia.

LA ACTITUD EN REALIDAD TIENE QUE VER CON CÓMO ES UNA PERSONA. ESO SE EXTIENDE A CÓMO ACTÚA.

La razón de que las personas duden de sus observaciones acerca de las actitudes de otros es que las actitudes son subjetivas. Alguien con una mala actitud quizás no esté haciendo algo ilegal o inmoral, pero de todas maneras su actitud podría arruinar al equipo.

La gente siempre proyecta hacia afuera lo que siente por dentro. La actitud en realidad tiene que ver con cómo es una persona. Eso se extiende a cómo actúa. Déjeme mostrarle las pésimas actitudes comunes que arruinan a un equipo para que cuando las vea pueda reconocerlas por lo que son.

Incapacidad de admitir equivocaciones. ¿Ha estado con personas que nunca admiten estar equivocadas? Es doloroso. Nadie es perfecto, pero alguien que piensa que lo es no constituye un compañero ideal de equipo. Su actitud errónea siempre creará conflictos.

Falta de perdón. Se cuenta que a Clara Barton, la fundadora de la enfermería moderna, se le animó una vez a lamentarse de un acto cruel que le infligieron en su infancia, pero ella no mordió el anzuelo.

— «¿No recuerdas el mal que te hicieron? —la acosó una amiga.

—No —contestó Barton—, recuerdo perfectamente haber olvidado ese asunto.»

Guardar rencor no es positivo ni adecuado. Todos los integrantes del equipo salen lastimados cuando hay falta de perdón entre sus compañeros.

Envidia insignificante. Una actitud que funciona de veras contra las personas es el deseo de igualdad que alimenta envidias triviales. Por algún motivo la gente con esta actitud cree que todo el mundo merece igual trato, sin considerar el talento, el rendimiento o la influencia. Pero nada puede estar más lejos de la verdad. Cada uno de nosotros está creado de modo excepcional y actúa de manea diferente; por tanto, deberíamos ser tratados como tales.

La enfermedad del yo. El entrenador de éxito extraordinario de la NBA, Pat Riley, escribe en su libro *The Winner Within* [El ganador interior] acerca de la «enfermedad del yo». Dice que los miembros del equipo que la padecen «desarrollan una creencia irresistible en su propia importancia. Sus acciones prácticamente afirman a gritos: "Soy excepcional"». Riley afirma que esta enfermedad siempre tiene la misma consecuencia inevitable: «Nuestra derrota».[3]

Un espíritu crítico. Alfredo y Martha conducían a casa después de una reunión de la iglesia.

—Alfredo —inquirió Martha—, ¿notaste que el sermón

del pastor estuvo algo flojo hoy?

—No, de veras no lo noté —respondió Alfredo.

—Bueno, ¿escuchaste lo desafinado que estaba el coro?

—No, no me di cuenta —respondió él.

—Pues bien, seguramente habrás notado esa pareja joven y sus hijos que estaban frente a nosotros, ¡con todo el ruido y el alboroto que formaron en toda la reunión!

—Lo siento mi amor, pero no, no los observé.

—En verdad, Alfredo —dijo finalmente Martha—, no sé por qué te molestas en ir a la iglesia.

Cuando un miembro del equipo tiene un espíritu crítico, todo el mundo lo sabe, porque nadie en el equipo logra hacer lo correcto.

Un deseo de monopolizar todo el crédito. Otra mala actitud que lastima al equipo es parecida a la «enfermedad del yo». Pero aunque el individuo con este mal puede fermentar en el fondo y crear disensión, el que monopoliza el crédito sale continuamente al escenario para recibir una reverencia... sea que la haya ganado o no. Su actitud es contraria a la del jugador de centro Bill Russell del Salón de la Fama de la NBA, quien dijo de su tiempo en la cancha: «La medida más importante de cuán bien jugué un partido era cuán mejor hice jugar a mis compañeros de equipo».

Seguramente hay otras actitudes negativas que no he nombrado, pero mi intención no es enumerar todas las malas actitudes, solo algunas de las más comunes. En resumen, la mayoría de las malas actitudes son consecuencia del egoísmo. Si uno de sus compañeros de equipo menosprecia a los demás, sabotea al equipo, o da a entender que es más importante que el equipo, entonces usted puede estar seguro de que ha encontrado a alguien con mala actitud.

5. LAS PÉSIMAS ACTITUDES QUE NO SE TRATAN ARRUINAN TODO

Las malas actitudes se deben tratar. Puede estar seguro de que siempre ocasionarán disensión, resentimiento, pelea y división en el equipo. Además, nunca se irán por sí solas si se les deja sin tratar. Simplemente se enconan y arruinan al equipo… junto con sus posibilidades de alcanzar su potencial.

Puesto que es muy difícil tratar con personas que tienen malas actitudes y debido a que éstas son subjetivas, usted podría dudar de su reacción instintiva cuando encuentra a alguien con una mala actitud. Después de todo, si es solo su opinión de que tal individuo tiene una mala actitud, entonces no tiene derecho de tratarla, ¿verdad? No será así si a usted le importa el equipo. Las pésimas actitudes arruinan al equipo. Eso siempre es cierto. Si usted deja una manzana podrida en una caja de manzanas buenas, finalmente terminará con una caja de manzanas podridas. Las actitudes siempre influyen en la eficacia de un líder.

El presidente Thomas Jefferson observó: «Nada puede impedir que el hombre con correcta actitud mental logre su meta; nada en la tierra puede ayudar al hombre con actitud mental incorrecta». Si le importa su equipo, y está comprometido a ayudar a todos los jugadores, no pude hacer caso omiso de una mala actitud.

Tratar con una persona cuya actitud es mala puede ser algo muy difícil. Antes de enfrentar el asunto usted se podría beneficiar de una mirada más cercana a las actitudes y cómo afectan a un individuo.

2

¿CÓMO INFLUYE LA ACTITUD
EN UN INDIVIDUO?

Su actitud y su potencial van de la mano.

¿Qué es una actitud? ¿Cómo la identifica usted con precisión? Pues bien, la actitud es un sentimiento interior expresado por el comportamiento. Por eso una actitud se puede ver sin necesidad de palabras. ¿Ha observado usted «la mueca» del malhumorado, o la «mandíbula prominente» del determinado? De todo lo que usamos, la expresión es lo más importante.

Algunas veces nuestra actitud se puede enmascarar exteriormente, y engañamos a quienes nos ven. Pero por lo general las máscaras no duran mucho tiempo. Vemos esa constante lucha a medida que la actitud intenta salir contorneándose.

A mi padre le encanta narrar la historia del niño de cuatro años que tenía uno de esos días llenos de problemas. Después de reprenderlo, finalmente la madre le dijo: «Hijo, ¡anda ahora mismo a esa silla y siéntate en ella!» El muchachito fue a la silla, se sentó y dijo: «Mamá, por fuera estoy sentado, pero por dentro estoy de pie».

El psicólogo y filósofo James Allen declara: «Una persona no puede viajar a su interior y permanecer quieto por fuera». Lo que sucede dentro de nosotros afecta rápidamente lo que pasa afuera. Una actitud endurecida es una enfermedad aterradora. Ocasiona una mente estrecha y un futuro negro. Cuando nuestra actitud es positiva y propicia para crecer, la mente se expande y empieza el progreso.

LA ACTITUD DETERMINA EL
ÉXITO O EL FRACASO

Mientras dictaba una conferencia en Carolina del Sur hice el siguiente experimento. Pregunté a la audiencia: «¿Qué palabra describe lo que determina nuestra felicidad, aceptación, paz y éxito?» La audiencia comenzó a decir palabras *como trabajo, educación, dinero, tiempo*. Finalmente alguien dijo *actitud*. Un área tan importante de sus vidas constituía un pensamiento secundario para ellos. Nuestra actitud es la fuerza principal que determinará si triunfamos o fracasamos.

Para algunos la actitud representa una dificultad en cada oportunidad; para otros representa una oportunidad en cada dificultad. Algunos triunfan con una actitud positiva, mientras otros fracasan con una perspectiva negativa. El mismo hecho de que la actitud «prepara a unos» mientras «destroza a otros» es lo suficientemente significativo para que exploremos su importancia. He aquí siete axiomas acerca de la actitud que le ayudarán a comprender cómo influye en la vida de una persona:

AXIOMA #1 DE LA ACTITUD: NUESTRA ACTITUD
DETERMINA NUESTRO ENFOQUE HACIA LA VIDA

Nuestra actitud nos dice qué esperamos de la vida. Igual que un avión, si nuestra «nariz» señala hacia arriba, estamos despegando; si señala hacia abajo, nos podríamos estar dirigiendo a una catástrofe.

Una de mis historias favoritas trata de un abuelo y una abuela que visitaron a sus nietos. En las tardes el abuelo dormía una siesta. Un día, a modo de broma, los muchachos decidieron poner queso derretido en su bigote. Al poco tiempo despertó olfateando. «Vaya, este cuarto apesta», exclamó mientras se levantaba y decidía ir a la cocina. No había pasado mucho tiempo cuando decidió que la cocina también olía mal, así que salió de la casa para respirar aire fresco. Para su gran sorpresa, el aire libre no le daba alivio, y proclamó: «¡Todo el mundo apesta!»

¡Cuán cierto es eso en la vida! Cuando tenemos «queso derretido» en nuestras actitudes, el mundo entero huele mal. Individualmente somos responsables por nuestra visión de la vida. Esa verdad se ha conocido por siglos y está contenida en la Biblia: «Todo lo que el hombre sembrare, eso también segará».[1] Nuestra actitud y nuestras acciones hacia la vida ayudan a determinar lo que nos sucede.

Sería imposible calcular la cantidad de empleos perdidos, el número de ascensos no concedidos, el total de ventas no realizadas y la cantidad de matrimonios arruinados debido a malas actitudes. Sin embargo, casi a diario somos testigos de trabajos que se tienen pero que se detestan y de matrimonios que se toleran pero que son infelices. Esto sucede porque las personas esperan que otros cambien, o que cambie el mundo, en vez de darse cuenta de que ellas son responsables de su propio comportamiento.

AXIOMA #2 DE LA ACTITUD: NUESTRA ACTITUD
DETERMINA NUESTRA RELACIÓN CON LA GENTE

Nuestras relaciones con la gente influyen en todo en la vida; no obstante, es difícil establecer relaciones. Usted no puede llevarse bien con algunas personas, y no puede arreglárselas sin ellas. Por eso es esencial edificar relaciones adecuadas con otros en nuestro mundo lleno de gente.

El Instituto Stanford de Investigación dice que el dinero que usted gana por cualquier medio está determinado por solo 12.5% de conocimiento y 87.5% de capacidad para tratar con la gente.

87.5% de conocimiento de la gente +
12.5% de conocimiento del producto = Éxito

Por eso Teddy Roosevelt dijo: «El ingrediente más importante para la fórmula del éxito es saber cómo llevarse bien con la gente». También por eso John D. Rockefeller dijo: «Pagaré más por la habilidad de tratar con la gente que por cualquier otra habilidad bajo el sol».

Cuando la actitud que tenemos coloca primero a otros, y vemos a las personas con importancia, entonces nuestra perspectiva reflejará el punto de vista de ellas, no el nuestro. A menos que nos pongamos en el lugar de la otra persona, y veamos la vida a través de los ojos de otros, seremos como el hombre que se baja enfadado de su auto después de un choque con otro vehículo. «¿Por qué la gente no ve por dónde maneja?», gritó como un energúmeno. «¡El suyo es el cuarto auto con que choco hoy!»

Por lo general la persona que asciende dentro de una organización tiene una buena actitud. Los ascensos no le provocan a ese individuo una actitud destacada, pero una actitud destacada trae ascensos como consecuencia.

Axioma #3 de la actitud: Frecuentemente nuestra actitud es la única diferencia entre el éxito y el fracaso

Los logros más grandes en la historia los han efectuado hombres que en sus campos solo se destacaron levemente sobre muchos otros. A esto se le podría llamar el principio de la ventaja insignificante. Muchas veces esa diferencia insignificante fue la actitud. La ex primera ministra de Israel

Golda Meir resaltó esta verdad en una de sus entrevistas: «Todo lo que mi nación tiene es espíritu. No tenemos dólares petroleros. No tenemos minas de gran valor en la tierra. No tenemos el apoyo de una opinión pública mundial que nos mire de modo favorable. Lo único que tiene Israel es el espíritu de su gente. Y si la gente perdiera su espíritu, ni siquiera los Estados Unidos de América nos podrían salvar».

Por supuesto que la aptitud es importante para nuestro éxito en la vida. Sin embargo, el éxito o el fracaso en cualquier empresa lo ocasiona más la actitud mental que la sola capacidad mental. Recuerdo ocasiones en que mi esposa Margaret llegaba a casa frustrada después de dictar clases en el colegio, debido al énfasis de la educación moderna en las aptitudes en vez de las actitudes. Ella quería que se examinara en los muchachos el «coeficiente de actitud» en vez del «coeficiente intelectual». Margaret hablaba de chicos cuyos coeficientes intelectuales eran altos pero su desempeño era bajo. Había otros cuyos coeficientes intelectuales eran bajos pero su desempeño era alto.

Como padre espero que mis hijos tengan mentes excelentes y actitudes excepcionales. Pero si tuviera que escoger en una situación de «uno u otro», sin duda me gustaría que sus coeficientes de actitud fueran elevados.

Un presidente de la Universidad de Yale dio hace años un consejo similar a un ex presidente del Estado de Ohio: «Sé siempre amable con tus estudiantes de "A" y "B". Algún día uno de ellos volverá a tu recinto universitario como un buen profesor. Además, sé amable con tus estudiantes de "C". Algún día uno de ellos regresará y construirá un laboratorio de ciencias de dos millones de dólares».

Hay muy poca diferencia en la gente, pero esa pequeña diferencia es determinante. La pequeña diferencia es la actitud. La gran diferencia está en que sea positiva o negativa.

AXIOMA #4 DE LA ACTITUD: NUESTRA ACTITUD AL PRINCIPIO DE UNA TAREA AFECTARÁ SU RESULTADO MÁS QUE CUALQUIER OTRA COSA

Los entrenadores entienden la importancia de que sus equipos tengan la actitud correcta antes de enfrentar a un adversario difícil. Los cirujanos quieren ver a sus pacientes preparados mentalmente antes de entrar a cirugía. Cuando solicitan un trabajo, quienes buscan empleo saben que su posible patrón está buscando algo más que capacidades. Los oradores públicos quieren un ambiente propicio antes de comunicarse con su audiencia. ¿Por qué? Porque la actitud correcta al principio asegura el éxito al final. Usted conoce el dicho: «Lo que bien comienza bien termina». Esa es la verdad.

La mayoría de los proyectos triunfan o fracasan antes de que empiecen. Un joven montañista y un guía experimentado estaban ascendiendo un elevado pico de las Sierras. Una mañana temprano el joven escalador fue despertado súbitamente por un ruido ensordecedor. Estaba convencido de que se trataba del fin del mundo. El guía respondió: «No es el fin del mundo, solo el amanecer de un nuevo día». Sencillamente mientras el sol subía daba de lleno contra el hielo y lo derretía.

Muchas veces hemos sido culpables de ver nuestros retos futuros como el ocaso de la vida, en vez de verlos como el amanecer de una oportunidad nueva y brillante.

Como ejemplo está la historia de dos vendedores de zapatos a quienes enviaron a una isla a vender zapatos. Después de llegar, el primer vendedor quedó pasmado al ver que nadie usaba calzado. De inmediato envió un telegrama a su oficina central en Chicago diciendo: «Volveré a casa mañana. Aquí nadie usa zapatos».

El segundo vendedor se emocionó al ver la misma realidad. Inmediatamente telegrafió a su casa matriz en Chicago diciendo: «Por favor, envíenme diez mil pares de zapatos. Todos aquí los necesitan».

AXIOMA #5 DE LA ACTITUD: NUESTRA ACTITUD PUEDE CONVERTIR NUESTROS PROBLEMAS EN BENDICIONES

J. Sidlow Baxter escribió en *Awake, My Heart* [Despierta, corazón]: «¿Cuál es la diferencia entre un obstáculo y una oportunidad? Nuestra actitud. Toda oportunidad tiene una dificultad, y toda dificultad tiene una oportunidad».[2]

Si tiene una actitud excepcional, una persona que enfrenta una situación difícil logra lo mejor, aunque se encuentre con lo peor. La vida se puede comparar con una rueda de molino.

Depende de lo que usted está hecho para que ésta lo muela o lo pula.

Mientras asistía a una conferencia de líderes jóvenes oí esta declaración: «Ninguna sociedad ha desarrollado alguna vez hombres fuertes en tiempos de paz». La adversidad es prosperidad para quienes poseen una gran actitud. Las cometas no se elevan a favor del viento sino en contra. Cuando sople el viento adverso de la crítica, permita usted que ésta sea lo que la ráfaga de viento es para la cometa: una fuerza en contra que la levanta más alto. Una cometa no volará a menos que tenga la tensión controlada de la cuerda para atraerla hacia la tierra. Así también es en la vida. Considere los siguientes éxitos que fueron logrados por medio de una actitud positiva.

SI TIENE UNA ACTITUD EXCEPCIONAL, UNA PERSONA QUE ENFRENTA UNA SITUACIÓN DIFÍCIL LOGRA LO MEJOR, AUNQUE SE ENCUENTRE CON LO PEOR.

Cuando los compañeros de colegio de Napoleón ostentaban ante él debido a su origen humilde y a su pobreza, él se dedicó por completo a sus libros. Rápidamente los sobrepasó en rendimiento escolar y obtuvo el respeto de ellos. Pronto fue considerado como el más brillante de la clase.

Pocas personas conocían a Abraham Lincoln hasta que el gran peso de la guerra civil mostró su carácter.

Robinson Crusoe fue escrito en prisión. John Bunyan escribió *El progreso del peregrino* en la cárcel Bedford. Sir Walter Raleigh escribió *La historia del mundo* durante trece años de prisión. Lutero tradujo la Biblia mientras estaba confinado en el castillo de Wartburg. Por diez años Dante, escritor de *La divina comedia*, trabajó en el exilio y bajo sentencia de muerte. Beethoven estaba casi totalmente sordo y abrumado por la tristeza cuando produjo sus más grandes obras.

Cuando Dios quiere educar a alguien, no lo envía a la escuela de la gracia sino a la de las necesidades. Cuando surgen crisis se levantan grandes líderes. En la vida de individuos que consiguen logros leemos una y otra vez cómo los problemas los obligaron a levantarse por sobre lo común. No solo encuentran las respuestas sino que también descubren un tremendo poder dentro de sí mismos. Como una corriente lejana en el océano, esta fuerza interior explota en una poderosa ola cuando las circunstancias parecen vencer. Entonces surge el atleta, el escritor, el estadista, el científico o el empresario. David Sarnoff dijo: «Hay mucha seguridad en el cementerio; prefiero la oportunidad».

AXIOMA #6 DE LA ACTITUD: NUESTRA ACTITUD PUEDE DARNOS UNA PERSPECTIVA SINGULARMENTE POSITIVA

Una perspectiva singularmente positiva puede ayudarnos a cumplir algunas metas poco comunes. He observado con entusiasmo los diferentes enfoques y resultados logrados tanto por un pensador positivo como por una persona llena de temor y ansiedad. Por ejemplo, en el antiguo Israel, cuando Goliat se enfrentó a los hebreos, todos los soldados pensaron: *Es tan grande que nunca lo mataremos.* David miró al mismo gigante y pensó: *Es tan grande que no puedo fallar.*

George Sweeting, ex presidente del Instituto Bíblico Moody, cuenta una historia acerca de un escocés que era un trabajador muy exigente, y esperaba que todos sus subordinados fueran iguales. Sus hombres se burlaron de él: «Escocés, ¿no sabes que Roma no fue construida en un día?» «Sí», respondió, «Lo sé. Pero yo no era capataz en esa obra».

No siempre se comprende a aquellos cuyas actitudes hicieron enfocar la vida desde una perspectiva totalmente positiva. Ellos son lo que algunos llamarían «gente sin límites». En otras palabras, no aceptan las limitaciones normales de la vida, como hace la mayoría. No están dispuestos a admitir «lo aceptado» solo porque es aceptado. Su respuesta a las condiciones de limitación propia probablemente sea «¿por qué?», en vez de «está bien». Por supuesto, tienen sus limitaciones. Sus dones no son tan abundantes como para que no puedan fracasar. Sin embargo, están decididos a caminar hasta el borde mismo de su potencial y del potencial de sus metas, antes de aceptar la derrota.

Estos sujetos son como los abejorros. Según una teoría de la aerodinámica demostrada por medio de pruebas en túneles de viento, el abejorro debería ser incapaz de volar. Debido al

tamaño, peso y forma de su cuerpo en relación a la enver-
gadura total de las alas, volar es científicamente imposible. El
abejorro, que ignora la teoría científica, sigue adelante y vuela
de todos modos, produciendo miel todos los días.

El futuro no solo parece brillante cuando la actitud es
correcta, sino también el presente es mucho más agradable.
La persona positiva comprende que el viaje al éxito es tan
placentero como el lugar de destino. Al preguntársele cuál de
sus obras seleccionaría como su obra maestra, a los ochenta
y tres años de edad, el arquitecto Frank Lloyd Wright,
replicó: «La próxima».

Un amigo mío en Ohio conducía camiones de remolque
para una compañía de transporte terrestre. Sabiendo los
centenares de kilómetros que conducía semanalmente, una
vez le pregunté cómo evitaba cansarse demasiado. «Todo está
en tu actitud», replicó. «Algunos choferes "van a trabajar" en
la mañana, pero yo "voy a dar una vuelta por el campo"». Esa
clase de perspectiva positiva le proporciona la «ventaja» en la
vida.

AXIOMA #7 DE LA ACTITUD: SU ACTITUD NO ES AUTOMÁTI-
CAMENTE BUENA PORQUE USTED SEA UNA PERSONA RELIGIOSA

Vale la pena notar que los siete pecados capitales (orgullo,
codicia, lujuria, envidia, ira, glotonería y pereza) son todos
asuntos de actitud, espíritu interior y motivos. Lamentablemente, muchas personas de fe cargan problemas espirituales

internos. Son como el hermano mayor de la parábola del hijo pródigo, que creen que hacen todo bien. Mientras el hermano menor salió de casa para llevar una vida disipada, el hermano mayor decidió quedarse en casa con su padre. ¡Él no iría a perder su tiempo en travesuras juveniles! Sin embargo, cuando el hermano menor regresó a casa, comenzaron a emerger algunas de las actitudes malas del hermano mayor.

Primero fue un sentimiento de importancia propia. El hermano mayor estaba en el campo haciendo lo que debía hacer, pero se puso furioso cuando comenzó la fiesta en casa... ¡su padre nunca le habría dejado tener una fiesta para él!

A eso le siguió un sentimiento de autocompasión. El hermano mayor dijo: «He aquí, tantos años te sirvo, no habiéndote desobedecido jamás, y nunca me has dado ni un cabrito para gozarme con mis amigos. Pero cuando vino este tu hijo, que ha consumido tus bienes con rameras, has hecho matar para él el becerro gordo».[3]

A menudo las personas pasan por alto el verdadero significado de la historia del hijo pródigo. Olvidan que existe no uno, sino dos hijos pródigos. El hermano menor es culpable de los pecados de la carne, mientras que el mayor es culpable de los pecados del espíritu. Su problema está en su actitud. Al final de la parábola es el hermano mayor, el segundo pródigo, quien se encuentra fuera de la casa del padre.

Esa es además una buena lección que todos debemos recordar. Una mala actitud nos llevará a lugares a los que no queremos ir. A veces hasta puede sacarlo a usted completamente del juego. Por otra parte, una buena actitud lo pone en un lugar de gran potencial.

Quizás usted no está seguro si su actitud está donde debería estar. O tal vez está dirigiendo a alguien cuya actitud no es tan positiva como debería ser. ¿Cómo enfrentar eso? Primero, usted debe saber cómo se forma una actitud en una persona. Ese es el tema del próximo capítulo.

PARTE II

FORMACIÓN DE LA ACTITUD

3

¿QUÉ FORMA LA ACTITUD EN UNA PERSONA?

Mucho entra en una actitud... ¡pero mucho más sale de ella!

Las actitudes no se forman en un vacío. Las personas nacen con ciertas características, las cuales influyen en sus actitudes. Pero muchos otros factores juegan un papel más preponderante en las vidas de las personas y en la formación de sus actitudes. Aunque estos factores influyen continuamente en la gente, en general, hacen su mayor impresión durante las siguientes etapas de la vida:

ETAPAS	FACTORES
PRENATAL:	Personalidad y temperamento inherentes
NACIMIENTO:	Ambiente
1-6 AÑOS:	Expresión verbal
	Aceptación y afirmación de los adultos
6-10 AÑOS:	Imagen de sí mismo
	Exposición a nuevas experiencias
11-21 AÑOS:	Contemporáneos, apariencia física
21-61 AÑOS:	Matrimonio, familia, empleo, éxito
	Ajustes, evaluación de vida

Personalidad: Quién soy

Todas las personas nacen como individuos diferentes. Incluso dos niños con los mismos padres, el mismo ambiente y la misma capacitación son totalmente distintos entre sí. Estas diferencias contribuyen al «condimento de la vida» que todos disfrutamos. Si todos tuviéramos personalidades similares, como extensiones parecidas del hogar, nuestro viaje por la vida seguramente sería aburrido.

Por lo general las personas con ciertos temperamentos desarrollan actitudes específicas comunes a ese temperamento.

Me gusta la historia de dos hombres que salen a pescar y empiezan a analizar a sus esposas. Uno dijo: «Si todos los hombres fueran como yo, todos querrían estar casados con mi esposa». El otro replicó rápidamente: «Si todos fueran como yo, ninguno querría estar casado con ella».

Una serie de actitudes acompaña a cada clase de personalidad. Por lo general las personas con ciertos temperamentos desarrollan actitudes específicas comunes a ese temperamento. Hace unos años Tim LaHaye, coautor de las populares novelas «Dejados Atrás», dio conferencias y escribió acerca de los cuatro temperamentos básicos. Por medio de la observación he notado que una persona con lo que él llama una personalidad *colérica* exhibe a menudo actitudes de perseverancia y agresividad. Una persona *sanguínea* es por lo general positiva y ve el lado brillante de la vida. Alguien *melancólico* a veces puede ser negativo, mientras un *flemático* tiende a decir: «Qué más da». Cada personalidad individual está compuesta de una mezcla de estos temperamentos y hay excepciones a estas generalizaciones. Sin embargo, un temperamento sigue normalmente un sendero que puede identificarse al rastrear las actitudes de un individuo.

AMBIENTE: LO QUE HAY A MI ALREDEDOR

Creo que el ambiente es un factor de control más importante en el desarrollo de nuestra actitud que nuestra personalidad u otra característica heredada. Antes de que mi esposa Margaret y yo comenzáramos nuestra familia decidimos adoptar nuestros hijos. Quisimos darle a un niño, que normalmente no tendría el beneficio de un hogar afectuoso y lleno de fe, la oportunidad de vivir en ese ambiente. Aunque nuestros hijos tal vez no se parecen a nosotros, seguramente han sido moldeados por el ambiente en que los hemos criado.

El ambiente de la tierna infancia desarrolla un «sistema de creencias» del individuo. De su ambiente los niños constantemente toman prioridades, actitudes, intereses y filosofías.

¡Está comprobado que lo que realmente creo afecta mi actitud! Sin embargo, lo que creo quizás no sea cierto. Lo que creo tal vez no sea saludable. Incluso podría lastimar a otros y

destruirme. Pero una actitud está reforzada por una creencia...
sea ésta correcta o errónea.

El ambiente es lo que primero influye en nuestro sistema
de creencias. Por consiguiente, la base de una actitud yace en el
ambiente en que nacemos. Este se vuelve aun más importante
cuando nos damos cuenta de que las actitudes iniciales son las
más difíciles de cambiar.

Expresión verbal: Lo que oigo

Existe un antiguo dicho en el idioma inglés que tal vez pudiera
usted haber escuchado: «Palos y piedras podrían romperme los
huesos, pero las palabras nunca me harán daño». ¡No crea eso!
Es más, después de que hayan desaparecido los moretones y se
haya ido el dolor físico, permanece el dolor interior de las
palabras hirientes.

Años atrás cuando yo dirigía una iglesia, durante una de
nuestras reuniones de personal pedí a pastores, secretarias y
guardianes que levantaran la mano si podían recordar una
experiencia infantil que los hirió profundamente debido a las
palabras de alguien. Todos levantaron la mano. Un pastor
recordó la ocasión en que se sentó en un círculo de lectura en
la escuela. (¿Recuerda cuán intimidantes eran esas sesiones?)
Cuando le llegó el turno de leer pronunció mal la palabra
fotografía. Leyó foto-gra-fia en vez de fo-to-gra-fía. El maestro
le corrigió y la clase se rió. Él aún lo recuerda... cuarenta

años después. Una consecuencia positiva de tal experiencia fue su deseo de pronunciar correctamente las palabras a partir de ese momento. Una de las razones de que hoy día se destaque como orador se debe a esa determinación.

ACEPTACIÓN Y AFIRMACIÓN DE LOS ADULTOS: LO QUE SIENTO

A menudo cuando me dirijo a líderes les hablo de la importancia de aceptar y afirmar a quienes ellos lideran. ¡La verdad es que a las personas no les importa mucho cuánto sabe usted hasta que averiguan cuánto le importan a usted!

Recuerde su época escolar. ¿Quién era su maestro favorito? Ahora piense por qué. Quizás sus más cálidos recuerdos son de alguien que lo aceptó y afirmó. Rara vez recordamos lo que nuestro maestro nos dijo, pero sí recordamos cuánto nos quiso. Mucho antes de entender la enseñanza, nos extendemos en busca de comprensión. Mucho después de haber olvidado las enseñanzas, recordamos la sensación de aceptación o rechazo.

Muchas veces pregunto a la iglesia si disfrutaron el sermón que les predicó su pastor la semana anterior. Después de una respuesta positiva pregunto: «¿Cuál fue el tema?» Setenta y cinco por ciento de las veces no me pueden decir el título del sermón. No recuerdan el tema exacto, pero sí recuerdan el ambiente y la actitud en que se predicó.

A LAS PERSONAS NO LES IMPORTA MUCHO CUÁNTO SABE
USTED HASTA QUE AVERIGUAN CUÁNTO LE IMPORTAN A USTED.

Mis maestros favoritos de la escuela dominical en mi infancia son ejemplos hermosos de esta verdad. Primero fue Katie, mi maestra de segundo grado. Cuando me enfermaba y perdía sus clases, ella me visitaba el lunes. Me preguntaba cómo me sentía y me daba una baratija de cinco centavos que valía un millón de dólares para mí. Katie me decía: «Johnny, siempre enseño mejor cuando estás en la clase. Cuando vayas el próximo domingo, ¿podrías levantar la mano para que yo pueda ver que estás ahí? Entonces enseñaré mejor».

Aún recuerdo cómo levantaba la mano y veía que Katie me sonreía desde el frente de la clase. También recuerdo a otros muchachos que los domingos levantaban su mano cuando Katie comenzaba a enseñar; su clase creció rápidamente. Ese año el superintendente quiso dividir la clase e iniciar una nueva al otro lado del pasillo. Pidió voluntarios para la nueva clase y nadie levantó la mano. ¿Por qué? Ningún chico quería ir con un nuevo maestro ni perderse la continua demostración de amor de Katie.

Otro maestro que recuerdo es Glen Leatherwood. Él dictaba clases a todos los muchachos de tercer año escolar en la iglesia donde me crié. ¿Dio usted clases alguna vez a un grupo de muchachos que se contonean diez veces por minuto? ¡Por lo general esos maestros salen de dictar esa clase directamente a su recompensa celestial! Pero no Glen. Él dio clases a muchachos de tercer año por otros treinta años. Los doce meses que pasé en su clase hicieron un gran impacto en mi fe y en la obra de mi vida.

También fui privilegiado al crecer en una familia afirmadora. Nunca cuestioné el amor y la aceptación de mis padres. Constantemente afirmaban su amor por medio de acciones y palabras. Cuando nuestros niños estaban creciendo, Margaret y yo intentamos crearles el mismo ambiente. Creo que nuestros chicos vieron o sintieron nuestra aceptación y afirmación al menos treinta veces diarias. Hoy día puedo asegurar que nuestros nietos reciben por lo menos el doble. ¡Eso no es demasiado! ¿Le han dicho a usted alguna vez de muchas maneras que es importante, que lo aman y lo aprecian? Recuerde, a las personas no les importa mucho cuánto sabe usted hasta que averiguan cuánto le importan a usted.

IMAGEN DE NOSOTROS MISMOS:
CÓMO ME VEO

Es imposible actuar bien si nos vemos mal. En otras palabras, por lo general actuamos en respuesta directa a la imagen que tenemos de nosotros mismos. Nada es más difícil de lograr que cambiar acciones externas sin cambiar sentimientos internos.

Una de las mejores formas de mejorar esas sensaciones internas es tener algún «éxito» en su haber. Mi hija Elizabeth tiene la tendencia de ser tímida y quiere frenarse ante nuevas experiencias. Pero una vez que se ha animado en una situación, «¡se pone a todo vapor!» Cuando estaba en primer grado hubo una venta de caramelos en su escuela. A cada niño le dieron treinta caramelos y lo desafiaron a venderlos todos. Cuando recogí a Elizabeth en la escuela ella sostenía su «desafío» y necesitaba algún estímulo positivo. Era hora de una charla de ventas con mi nueva niña vendedora.

Todo el camino a casa le enseñé a Elizabeth a vender caramelos. Enmarqué cada punto de la enseñanza con media docena de frases «puedes hacerlo, tu sonrisa los conquistará, creo en ti». Al final de nuestro viaje de quince minutos, la joven dama sentada a mi lado se había convertido en una vendedora encantadora y comprometida. Se fue por el vecindario con su hermanito Joel comiéndose uno de los caramelos y declarando que verdaderamente era el mejor dulce que había devorado alguna vez.

Al final del día Elizabeth había vendido los treinta caramelos y se sentía fabulosa. Nunca olvidaré las palabras que oró esa noche cuando la metí entre las cobijas: «Ah, Dios, gracias por la venta de caramelos en la escuela. Es fantástica. También Señor ¡ayúdame a ser una ganadora! Amén».

La oración de Elizabeth refleja el deseo del corazón de todo ser humano. Todos queremos ser ganadores. Seguro, Elizabeth llegó a casa al día siguiente con otra caja de caramelos. ¡Ahora era la gran prueba! Había agotado la provisión de vecinos amigables y fue lanzada al mundo cruel del comprador desconocido. Elizabeth admitió tener miedo cuando fuimos a un centro comercial para vender nuestra mercancía. De nuevo le di ánimos, algunos consejos más de ventas, más ánimo, la adecuada ubicación, más ánimo. Y lo logró. La experiencia significó dos días de ventas, dos experiencias de agotar existencias, dos personas felices y una imagen confiada de sí misma.

El modo en que nos vemos refleja cómo nos ven los demás. Si nos gustamos, esto aumenta las posibilidades de gustar a otros. La imagen propia establece los parámetros para construir nuestras actitudes. Actuamos en respuesta al modo en que nos vemos. Nunca traspasaremos los límites que mantienen cercados nuestros verdaderos sentimientos acerca de nosotros. Esos «nuevos territorios» solo se pueden explorar cuando nuestra imagen de nosotros mismos sea lo suficientemente fuerte para darnos permiso de ir hacia allá.

EXPOSICIÓN A NUEVAS EXPERIENCIAS: OPORTUNIDADES DE CRECER

El filósofo francés François Voltaire comparó la vida con un juego de cartas. Cada jugador debe aceptar las cartas que le han dado. Pero una vez que esas cartas están en sus manos, solo él decide cómo jugarlas para ganar la partida.

Siempre tenemos muchas oportunidades en nuestra mano

y debemos decidir si tomamos el riesgo y las utilizamos. Nada en la vida nos ocasiona más estrés, pero al mismo tiempo nos da más oportunidad de crecer que las experiencias nuevas.

Si usted es padre descubrirá que es imposible proteger a sus hijos de nuevas experiencias que podrían ser negativas. Por lo tanto, es esencial preparar encuentros positivos que edifiquen una imagen de sí mismos y de confianza. Tanto las experiencias positivas como las negativas se pueden utilizar como herramientas al preparar a los niños para la vida.

Los niños necesitan consuelo y elogio constante cuando sus experiencias nuevas son menos que positivas. Es más, mientras más mala la experiencia, más ánimo necesitan. Pero a veces nos desanimamos cuando ellos se desaniman. Esta es una buena fórmula para adoptar:

Nuevas experiencias + aplicación de enseñanzas x amor = crecimiento

ASOCIACIÓN CON CONTEMPORÁNEOS: QUIÉN INFLUYE EN MÍ

Lo que los demás señalan acerca de sus percepciones de nosotros afecta el modo en que nos percibimos. Por lo general reaccionamos a las expectativas de otros. Esta verdad se hace evidente para los padres cuando los hijos van a la escuela. Ya no pueden controlar el ambiente de los hijos.

Mis padres entendieron que otros podían ejercer un

considerable control sobre el comportamiento de sus hijos, por eso decidieron vigilar y controlar hasta donde fuera posible nuestras relaciones con los compañeros. Su estrategia: Ofrecer en el hogar Maxwell un ambiente atractivo para los amigos de sus dos hijos. Esto significaba sacrificio de tiempo y dinero. Nos dieron un juego de cartas, una mesa de ping pong, una mesa de billar, una máquina de juegos electrónicos, un juego de química, una cancha de básquetbol y todos los equipos imaginables de deportes. También teníamos una madre que era espectadora, árbitro, consejera, réferi y aficionada.

Los muchachos llegaban a casa, a menudo de veinte a veinticinco a la vez. De todo tamaño, forma y color. Todos se divertían y mis padres observaban a nuestros amigos. A veces, después que la pandilla se había ido, mis padres hacían preguntas acerca de uno de nuestros amigos. Analizaban francamente su lenguaje o sus actitudes y nos animaban a no actuar o pensar de ese modo. Ahora me doy cuenta de que la mayoría de mis grandes decisiones de joven estaban influidas por las enseñanzas de mis padres y por la observación de mis amistades.

Casey Stengel, quien fue un exitoso entrenador de los Yanquis de Nueva York, entendía el poder de la relaciones en la actitud de un jugador. Le dio a Billy Martin algunos consejos cuando éste era un entrenador novato. Martin recuerda: «Casey dijo que habría quince jugadores en tu equipo que traspasarían un muro por ti, cinco que te odiarían, y cinco que estarían indecisos. Cuando hagas tu lista de habitaciones, siempre pon juntos a los perdedores. Nunca pongas en una misma habitación a un buen elemento con uno malo. Esos perdedores que permanecen juntos culparán de todo al entrenador, pero no esparcirán el chisme si los mantienes aislados».

Charles «Formidable» Jones, autor de *Life Is Tremendous* [La vida es formidable], dice: «Lo que llegarás a ser en cinco años se determinará por lo que lees y con quién te relacionas». Es bueno para todos nosotros recordar eso.

Apariencia física:
Cómo lucimos ante otros

Nuestra imagen juega un papel importante en la interpretación de nuestras actitudes. Se ejerce una increíble presión sobre la gente para que tenga la «apariencia de moda» la cual parece ser la norma de aceptación. La próxima vez que usted vea televisión, observe lo mucho que los comerciales resaltan la apariencia. Note el porcentaje de anuncios de ropa, dieta, ejercicio y sobre todo atractivo físico. Hollywood dice: «Lo insulso se descarta y lo hermoso está de moda». Esto influye en la percepción de nuestra valía.

Lo que puede hacer el asunto aun más difícil es comprender que otros también juzgan nuestra valía por nuestra apariencia.

Hace poco leí un artículo comercial que afirmaba: «Nuestro atractivo ayuda a determinar nuestros ingresos». Por ejemplo, la investigación divulgada en ese artículo mostraba las discrepancias entre los salarios de hombres de 1.85 metros y los de 1.75. Los hombres más altos reciben constantemente salarios más elevados. Gústele o no, la apariencia física (y la percepción que se tenga de ella) impacta en la actitud del individuo.

MATRIMONIO, FAMILIA Y EMPLEO: NUESTRA SEGURIDAD Y POSICIÓN

A medida que nos acercamos a la mitad de nuestra tercera década de vida nuevas influencias empiezan a afectar nuestra actitud. Es durante esta época que la mayoría de las personas empiezan a desarrollar una profesión. A menudo también se casan. Eso significa que otra persona influye en nuestra perspectiva.

Cuando hablo sobre actitudes siempre resalto la necesidad de rodearnos de gente positiva. Uno de los comentarios más tristes que frecuentemente oigo viene de alguien que me dice que su cónyuge es negativo y que no quiere cambiar. Hasta cierto punto, cuando el compañero negativo no quiere cambiar, el positivo está prisionero por el negativismo. En tales situaciones les aconsejo que recuerden a su cónyuge como la persona que amaron cuando eran novios. Su matrimonio mejorará si no se resaltan las debilidades del otro. Pero muchos terminan en la corte de divorcio porque se ignoraron las fortalezas. Los cónyuges pasan de esperar lo mejor a esperar lo peor, de edificar sobre fortalezas a enfocarse en debilidades.

Todos los factores que he mencionado entran en la «mezcla» de la actitud. Ellos han influido en quién es usted y quiénes son aquellos que dirige. Pero recuerde esto: Sea que usted tenga once, cuarenta y dos, o sesenta y cinco años, su actitud hacia la vida *aún* está desarrollándose. Nunca es demasiado tarde para que una persona cambie su actitud. Ese es el tema del próximo capítulo.

4

¿PUEDE CAMBIAR
UNA ACTITUD?

*La clave para tener una buena actitud
es la disposición de cambiar.*

Somos amos o víctimas de nuestras actitudes. Es un asunto de decisión personal. Quienes somos hoy es la consecuencia de las decisiones que tomamos ayer. Mañana seremos lo que decidamos hoy. Cambiar significa escoger el cambio.

Me han dicho que en el norte de Canadá solo hay dos estaciones: invierno y julio. Cuando las carreteras secundarias empiezan a derretirse se cubren de barro. Los vehículos que van a los campos dejan huellas profundas que se congelan cuando regresa el clima frío. Quienes se internan en las regiones remotas durante los meses de invierno ven letreros que dicen: «Conductor, escoja con mucho cuidado la huella que ha de seguir, porque estará en ella durante los próximos treinta kilómetros».

Algunas personas parecen sentirse atascadas en sus actitudes actuales, como un auto en una huella de treinta kilómetros. Sin embargo, la actitud no es permanente. Si usted no es feliz con su actitud, sepa que puede cambiar. Si alguien a quien dirige tiene una mala actitud, entonces puede ayudarle a cambiar, pero solo si verdaderamente esa persona *quiere* cambiar. Si realmente lo desea, cualquiera puede convertirse en la clase de persona positiva para quien la vida es una dicha y cada día está lleno de potencial.

Si quiere tener una actitud fabulosa, entonces tome las siguientes decisiones:

DECISIÓN #1: EVALÚE SU ACTITUD ACTUAL

El proceso empieza al saber por dónde comenzar. Evaluar su actitud actual le llevará algún tiempo. Si es posible, intente separarse de su actitud. El objetivo de este ejercicio no es ver el «usted malo» sino ver una «actitud mala» que le impide ser una persona más realizada. Usted puede hacer cambios claves solo cuando identifica el problema.

Cuando el leñador profesional ve un embotellamiento de troncos en el río, trepa a un árbol alto y localiza un tronco clave, lo libera de un golpe y deja que la corriente haga el resto. Un principiante empezaría en el borde del embotellamiento, movería todos los troncos y finalmente golpearía al tronco clave. Es obvio que ambos métodos harán que los troncos se muevan, pero el profesional hace su trabajo con más rapidez y eficacia.

Para encontrar los «troncos» claves en su actitud, utilice el siguiente proceso de evaluación (y escriba sus respuestas en un diario o en algún lugar al que más tarde pueda referirse):

Identifique los sentimientos difíciles: ¿Qué actitudes le hacen sentir más negativo con respecto a usted mismo? Por lo general se tienen sentimientos antes de clarificar el problema.

Identifique los comportamientos difíciles: ¿Qué actitudes le ocasionan más problemas cuando trata con los demás?

Identifique los pensamientos difíciles: Somos la suma de nuestros pensamientos. «Cual es su pensamiento [del hombre] en su corazón, tal es él».[1] ¿Qué pensamientos controlan constantemente su mente? Aunque este es el paso inicial para corregir problemas de actitudes, esta dificultad no es tan fácil de identificar como las dos primeras.

Clarifique la verdad: Para saber cómo cambiar usted debe examinar sus sentimientos a la luz de la verdad. Si es una persona de fe, entonces utilice las Escrituras. ¿Qué le dicen acerca de cómo debería ser su actitud?

Comprométase: En esta etapa la frase « ¿qué debo hacer para cambiar?» se convierte en «debo cambiar». Recuerde que la decisión de cambiar es la única que se debe tomar y solo usted lo puede hacer.

Planifique y cumpla su decisión: Actúe inmediata y reiteradamente en su decisión.

DECISIÓN #2: COMPRENDA QUE
LA FE ES MÁS FUERTE QUE EL TEMOR

Lo único que garantiza el éxito en una dificultad o indecisión es tener fe desde el principio en que usted puede hacerlo. El filósofo William James manifestó: «El más grande descubrimiento de mi generación es que las personas pueden alterar sus vidas si alteran sus actitudes mentales». El cambio depende de su estado de ánimo. Crea que usted puede cambiar. Pida a sus amigos y compañeros que lo animen en toda oportunidad. Y si es una persona de fe, pida ayuda a Dios. Él conoce sus problemas, está dispuesto y puede ayudarle a vencerlos.

DECISIÓN #3: ESCRIBA UNA DECLARACIÓN DE PROPÓSITO

Cuando yo era niño mi padre decidió construir una cancha de básquetbol para mi hermano y para mí. Hizo una entrada para autos, puso un tablero en el garaje, y estaba a punto de poner la canasta cuando lo llamaron de urgencia. Prometió poner el aro cuando regresara. *No hay problema,* pensé. *Tengo un nuevo balón Spalding y una nueva entrada en la cual driblar.* Por algunos minutos hice rebotar el balón en el cemento. Eso pronto se volvió aburrido, por lo que tomé el balón y lo lancé contra el tablero… una vez. Dejé correr el balón por la cancha y no lo tomé de nuevo hasta que papá regresó a poner el aro. ¿Por qué? No es divertido jugar básquetbol sin canasta. Lo bueno es tener algo a qué apuntar.

Para divertirse y tener dirección en el cambio de su actitud debe establecer claramente una meta fija. Esta meta debe ser tan específica como sea posible, escrita y firmada, con un plazo de tiempo fijado. La declaración de propósito se debe colocar en un sitio visible donde usted la vea varias veces al día y la refuerce.

Usted obtendrá esta meta si cada día hace tres cosas:

I. ESCRIBA ESPECÍFICAMENTE LO QUE DESEA LOGRAR CADA DÍA

La historia bíblica del encuentro de David con Goliat es una buena ilustración de fe y de cómo se pueden vencer posibilidades insalvables con recursos aparentemente insuficientes. Pero algo me dejó perplejo cuando comencé a estudiar la vida de David. ¿Por qué tomó cinco piedras para su honda al ir a enfrentar a Goliat? Mientras más me preguntaba, más perplejo quedaba. ¿Por qué cinco piedras? Solo había un gigante. Escoger cinco piedras parecía ser una falla en su fe. ¿Pensó que iba a errar y que tendría cuatro oportunidades más? Algún tiempo después estaba leyendo 2 Samuel y obtuve la respuesta. Goliat tenía cuatro hijos, lo que significa que había cinco gigantes. ¡En los cálculos de David había una piedra por gigante! Eso es lo que quiero decir ahora acerca de ser específicos en nuestra fe.

¿Cuáles son los gigantes a los que usted debe dar muerte para hacer de su actitud lo que debe ser? ¿Qué recursos necesitará? No se sienta abrumado por la frustración cuando vea el problema. Enfrente un gigante a la vez. Los estrategas militares enseñan a sus ejércitos a luchar en un frente a la vez. Resuelva qué actitud quiere abordar en este momento. Escríbala. A medida que empiece satisfactoriamente a ganar batallas, escríbalas. Y pase tiempo leyendo acerca de victorias pasadas, porque esto lo animará.

2. EXPRÉSELE VERBALMENTE A UN AMIGO ALENTADOR LO QUE USTED DESEA LOGRAR CADA DÍA

Creencia es convicción interior; fe es acción exterior. Usted recibe ánimo y responsabilidad cuando expresa verbalmente sus intenciones. Una de las maneras en que las personas resuelven un conflicto es hablando de él a sí mismas o a los demás. Esta práctica también es vital para alcanzar las actitudes deseadas.

Conozco vendedores prósperos que repiten esta frase en voz alta cincuenta veces cada mañana y cincuenta veces cada noche: «Puedo lograrlo». Repetir afirmaciones positivas una y otra vez les ayuda a creer en ellos mismos y los obliga a actuar de acuerdo con tal creencia. Comience este procedimiento cambiando su vocabulario. He aquí algunas sugerencias:

3. ACTÚE EN SU META TODOS LOS DÍAS

La diferencia entre un sabio y un necio es su respuesta a lo que ya sabe: Un sabio investiga lo que oye, mientras un necio sabe pero no actúa. Para cambiar, usted debe actuar. Y mientras lo hace, haga también algo positivo por alguien más.

ELIMINE POR COMPLETO ESTAS EXPRESIONES	HAGA DE ESTAS PALABRAS UNA PARTE DE SU VOCABULARIO
1. No puedo	1. Puedo

2. Si es que	2. Lo haré
3. Dudo que	3. Espero lo mejor
4. No pienso que	4. Sé que
5. No tengo tiempo	5. Sacaré el tiempo
6. Quizás	6. Positivamente
7. Temo que	7. Tengo confianza
8. No creo que	8. Creo
9. Yo (minimizado)	9. Tu (resaltado)
10. Es imposible	10. Todo es posible

Nada mejora la actitud de una persona como un servicio desinteresado hacia alguien que tenga una necesidad mayor que la suya.

DECISIÓN #4: TENGA EL DESEO DE CAMBIAR

Ninguna decisión determinará más el éxito de su cambio de actitud que desear ese cambio. Cuando todo lo demás falla, el solo deseo puede ayudarle a dirigirse en la dirección correcta. Muchas personas han vencido obstáculos insuperables para volverse mejores cuando se dan cuenta de que el cambio es posible si lo desean de todo corazón. Permítame ilustrarlo.

Mientras daba saltos un día, una rana se resbaló en un enorme bache de una carretera rural. Todos sus intentos de salir saltando fueron en vano. Pronto un conejo se encontró con la rana atrapada en el hoyo y ofreció ayudarla a salir. También fracasó. Después de que varios animales hicieran tres o cuatro intentos de ayudar a sacar a la pobre rana, finalmente renunciaron.

—Regresaremos y te traeremos algo de comer —le dijeron—. Parece que vas a estar aquí bastante tiempo.

Sin embargo, al poco tiempo de salir a traer comida oyeron a la rana saltando tras ellos. ¡No lo podían creer!

—Creíamos que no podías salir —exclamaron.

—Ah, no podía —replicó la rana—. Pero miren, un enorme camión venía exactamente hacia mí y tuve que hacerlo.

ENAMÓRESE DEL DESAFÍO DE CAMBIAR Y VEA CÓMO CRECE EL DESEO DE CAMBIAR

Cambiamos cuando «tenemos que salir de los hoyos de la vida». Mientras tengamos opciones aceptables, no cambiaremos. La verdad es que la mayoría de las personas están más cómodas con problemas antiguos que con soluciones nuevas. Responden a sus necesidades para dar un vuelco en la vida como el duque de Cambridge, quien dijera una vez: «Lo lamentable es que haya algún cambio, en algún tiempo, por alguna razón». Quienes creen que no se debe hacer nada por primera vez nunca ven nada hecho.

Las personas pueden cambiar y esa es la motivación más grande de todas. Nada despierta más el fuego del deseo que la súbita comprensión de que usted no debe permanecer igual. Enamórese del desafío de cambiar y vea cómo crece el deseo de cambiar. Eso es lo que le sucedió a Aleida Huissen, de setenta y ocho años, de Róterdam, en los Países Bajos. Había sido fumadora por cincuenta años y durante todos ellos intentó dejar el hábito. Pero no tuvo éxito. Entonces Leo Jensen, de setenta y nueve, le propuso matrimonio y se negó a realizar la boda hasta que Aleida dejara de fumar. Ella dice: «La fuerza de voluntad no era suficiente para dejar de fumar. El amor sí lo fue».

Mi vida está dedicada a ayudar a otros a alcanzar su potencial. Le sugiero a usted que siga el consejo de Mark Twain, quien dijo: «Descarga tu mente de vez en cuando y salta sobre ella. Se te está endureciendo». Esa era su manera de decir: «Sal de ese estancamiento». Muchas veces nos acostumbramos a una forma de pensar y aceptamos las limitaciones que no necesitamos que nos pongan. Adopte el cambio y este lo cambiará a usted.

DECISIÓN #5: VIVA UN DÍA A LA VEZ

Cualquiera puede luchar la batalla de un solo día. Solo temblamos cuando usted y yo juntamos las cargas de esas dos tremendas eternidades: ayer y mañana. No son las experiencias de hoy lo que lleva a la gente a la distracción, sino el remordimiento o la amargura por algo que ocurrió ayer y el pavor por lo que podría traer el mañana. Por consiguiente, vivamos solo un día a la vez: ¡Hoy!

DECISIÓN #6: CAMBIE SUS
PATRONES DE PENSAMIENTO

Lo que capta nuestra atención determina nuestras acciones. Estamos donde estamos y somos lo que somos debido a los pensamientos dominantes que ocupan nuestra mente. Observe este silogismo que resalta el poder de nuestra vida de pensamiento:

Premisa principal:	Podemos controlar nuestros pensa mientos.
Premisa secundaria:	Nuestros sentimientos provienen de nuestros pensamientos.
Conclusión:	Podemos controlar nuestros sentimientos si aprendemos a cambiar el modo de pensar.

Es así de sencillo. Nuestros sentimientos provienen de nuestros pensamientos. Por tanto, podemos cambiarlos al cambiar nuestros patrones de pensamiento.

Nuestra vida de pensamiento, no nuestras circunstancias, determina nuestra felicidad. A menudo veo personas convencidas de que serán felices cuando logren cierta meta. Muchas veces cuando alcanzan la meta no hallan la satisfacción que anticipaban. ¿Cuál es el secreto de mantener la estabilidad? Llene su mente con buenos pensamientos. El apóstol Pablo aconsejó: «Todo lo que es verdadero, todo lo honesto... todo lo que es de buen nombre; si hay virtud alguna, si algo digno de alabanza, en esto pensad».[2] Él comprendió que lo que capta nuestra atención determina nuestras acciones.

DECISIÓN #7: DESARROLLE
BUENOS HÁBITOS

Una actitud no es más que un hábito de pensamiento. El proceso de desarrollar hábitos (buenos o malos) es el mismo. Es tan fácil formar el hábito de triunfar como sucumbir al hábito de fracasar.

Los hábitos no son instintos; son acciones o reacciones adquiridas. No ocurren simplemente; se ocasionan. Una vez determinada la causa original de un hábito, está dentro de usted el poder de aceptarlo o rechazarlo. La mayoría de las personas dejan que sus hábitos las gobiernen. Cuando esos hábitos son perjudiciales impactan de modo negativo en sus actitudes.

Los pasos siguientes le ayudarán a cambiar malos hábitos en buenos:

Paso #1:   Haga una lista de sus hábitos malos.

Paso #2:   ¿Cuál es la causa original?

Paso #3:   ¿Cuáles son las causas secundarias?

Paso #4:   Determine un hábito positivo para reemplazar al malo.

Paso #5:   Piense en el buen hábito, en sus beneficios y consecuencias.

Paso #6:   Tome medidas para desarrollar este hábito.

Paso #7:   Actúe a diario en el refuerzo de este hábito.

Paso #8:   Prémiese al observar uno de los beneficios del buen hábito.

Decisión #8: Escoja continuamente tener una actitud correcta

El trabajo apenas comienza cuando usted toma la decisión de tener una buena actitud. Después de eso viene una vida de decisión constante para crecer y mantener la perspectiva correcta. Las actitudes tienden a volver a sus patrones originales si no se vigilan y cultivan con sumo cuidado.

Mientras usted trabaja en mejorar su actitud o en ayudar a la actitud de alguien a quien dirige, reconozca que hay tres etapas de cambio donde una persona debe escoger deliberadamente la actitud adecuada:

Etapa inicial: Los primeros días son siempre los más difíciles.

No es fácil romper viejos hábitos. Usted debe estar continuamente en guardia mental para tomar la acción correcta.

Etapa media: En el momento en que los buenos hábitos empiezan a enraizarse se abren las opciones que provocan nuevos desafíos. Durante esta etapa se formarán nuevos hábitos que pueden ser buenos o malos. La buena noticia es que mientras más decisiones y buenos hábitos desarrolle usted, es más probable que se formen otros buenos hábitos.

Etapa posterior: El enemigo en esta etapa es la autocomplacencia. Todos conocemos a alguien (quizás nosotros) que perdió peso solo para caer en antiguos hábitos y volverlo a ganar. No baje su guardia a menos que el cambio esté completo. Aun entonces, esté vigilante y asegúrese de no caer en hábitos negativos.

Usted es el único que puede decidir qué ha de pensar y cómo actuará. Eso significa que puede hacer de su actitud lo que quiere que sea. Sin embargo, aunque triunfe y se convierta en una persona positiva, eso no lo protegerá de experiencias negativas. ¿Cómo enfrenta los obstáculos una persona positiva y cómo sigue siendo optimista? Para encontrar la respuesta a esa pregunta, lea el siguiente capítulo.

5

¿PUEDEN DE VERDAD LOS OBSTÁCULOS MEJORAR UNA ACTITUD?

La batalla más grande contra el fracaso ocurre en el interior, no en el exterior.

Los artistas activos David Bayles y Ted Orland narran una historia sobre un profesor de arte que experimentó con un sistema de calificación para dos grupos de estudiantes. Es una parábola sobre los beneficios del fracaso. He aquí lo que sucedió:

Un profesor de cerámica anunció al comienzo de un día que iba a dividir la clase en dos grupos. A los del lado izquierdo del estudio los calificaría exclusivamente por la cantidad de obras que produjeran y a todos los de la derecha únicamente por su calidad. Su procedimiento era sencillo: al final del día de clase llevaba su báscula de baño y pesaba el trabajo del grupo de «cantidad»: calificaba cincuenta libras de vasijas con una «A», cuarenta libras con una «B» y así sucesivamente. Sin embargo, los que calificaba basado en la «calidad» solo debían hacer una vasija (aunque perfecta) para obtener una «A». Pues bien, llegado el momento de calificar surgió un hecho curioso: las obras de más calidad eran las producidas por el grupo al que se le calificaba por la «cantidad». Parece que mientras este grupo producía afanosamente montones de trabajo (y aprendía de sus equivocaciones), el grupo de «calidad» se había sentado a teorizar acerca de la perfección y al final tenía poco más que mostrar por sus esfuerzos que teorías grandiosas y un montón de arcilla seca.[1]

No importa si los objetivos que usted tiene están en el campo del arte, los negocios, el ministerio, los deportes o las relaciones. La única forma de salir adelante es fallar al principio, fallar a menudo y fallar después.

HAGA EL VIAJE

Enseño liderazgo a miles de personas cada año en numerosas conferencias. Una de mis mayores preocupaciones es siempre que algunos individuos saldrán del evento sin ningún cambio en sus vidas. Les encanta el «espectáculo» pero fallan en implementar cualquiera de las ideas presentadas. Una y otra vez le digo a la gente: Sobreestimamos el evento y subestimamos el proceso. Toda realización de un sueño que alguien tuvo llegó por la dedicación a un proceso. (Esa es una de las razones por las que escribo libros y creo programas de audio;

para que la gente pueda comprometerse en el proceso continuo de crecimiento.)

Las personas tienden naturalmente a la inercia. Por eso mejorar es una lucha. Pero también por eso la adversidad yace en el corazón de todo éxito. El proceso de logro es el resultado de repetidos fracasos y una lucha constante para subir a un nivel más alto.

Para lograr sus sueños usted debe abrazar la adversidad y hacer del fracaso una parte regular de su vida. Si no está fracasando, lo más probable es que no esté avanzando de veras.

Cuando de enfrentar el fracaso se trata, la mayoría de las personas reconocen a regañadientes que cualquiera debe pasar por alguna adversidad para poder triunfar. Ellas reconocerán que usted debe experimentar contratiempos ocasionales para progresar. Sin embargo, creo que el éxito llega solo si usted lleva ese pensamiento un paso más adelante. Para lograr sus sueños debe adoptar la adversidad y hacer del fracaso parte regular de su vida. Si no está fracasando, lo más probable es que no esté avanzando de veras.

BENEFICIOS DE LA ADVERSIDAD

La psicóloga Dra. Joyce Brothers afirma: «La persona interesada en triunfar debe aprender a ver el fracaso como parte saludable e inevitable del proceso de llegar a la cumbre». En el proceso de triunfo no solo se deben esperar adversidades y fracasos que a menudo llegan como resultado; se les debe ver rotundamente como parte crítica de este proceso. Es más, los beneficios de la adversidad son muchos. Observe algunas de las razones claves para abrazar la adversidad y perseverar a través de ella.

1. LA ADVERSIDAD PRODUCE CAPACIDAD DE RECUPERACIÓN

Nada en la vida genera la capacidad de recuperación como la adversidad y el fracaso. Un estudio de la revista *Time* de mediados de los ochenta describió la increíble capacidad de recuperación de un grupo de personas que habían perdido tres veces sus empleos debido al cierre de plantas. Los psicólogos esperaban que estuvieran desanimadas pero estaban sorprendentemente optimistas. En realidad su adversidad había creado una ventaja. Puesto que ya habían perdido un empleo y encontraron uno nuevo al menos dos veces, estaban mejor capacitadas para soportar la adversidad que quienes habían trabajado para una sola empresa y se vieron desempleadas.[2]

2. LA ADVERSIDAD DESARROLLA MADUREZ

La adversidad puede hacer de usted alguien mejor si no permite que lo amargue. ¿Por qué? Porque la adversidad fomenta la sabiduría y la madurez. El novelista estadounidense William Saroyan dijo: «Las buenas personas son buenas porque han llegado a la sabiduría por medio del fracaso. Como ves, del éxito obtenemos muy poca sabiduría».

Mientras el mundo siga cambiando a un ritmo más y más veloz, aumenta la importancia de la madurez con flexibilidad. Estas cualidades llegan de las dificultades que nos curten. El profesor del instituto de negocios de Harvard, John Kotter, dice: «Puedo imaginar a un grupo de ejecutivos de hace veinte años analizando a un candidato para un empleo importante y diciendo: "Este tipo tuvo un gran fracaso cuando tenía treinta y dos años". Todos dirían: "Sí, así es, esa es una mala señal". Me imagino ese mismo grupo considerando hoy día un candidato y diciendo: "Lo que me preocupa de este tipo es que nunca ha fracasado"».[3] Los problemas que enfrentamos y vencemos nos preparan para las dificultades futuras.

3. La adversidad abre el sobre del rendimiento aceptado

Lloyd Ogilvie dice que un amigo suyo, quien trabajó en un circo en su juventud, describió de este modo su experiencia de aprender a trabajar en el trapecio:

Una vez que sabes que la red debajo de ti te atrapará, deja de preocuparte que falles, ¡y en realidad aprendes a caer triunfalmente! Eso significa que puedes concentrarte en llegar hasta el trapecio que se balancea hacia ti y no en caer, porque las fallas repetidas del pasado te han convencido de que la red es firme y confiable cuando caes… El resultado de caer y ser atrapado por la red es una confianza misteriosa y atrevida en el trapecio. Fallas menos. Cada caída te capacita para arriesgar más.[4]

A menos que una persona aprenda por experiencia personal que puede pasar por adversidades, estará renuente a rebelarse contra la absurda tradición, a cubrir el rendimiento empresarial, o a desafiarse a presionar sus límites físicos. El fracaso ayuda a la gente a reconsiderar el *statu quo*.

4. LA ADVERSIDAD OFRECE MAYORES OPORTUNIDADES

Creo que eliminar problemas limita nuestro potencial. Casi todo empresario exitoso que he conocido tiene numerosas historias de adversidades y contratiempos que les abrieron las puertas a mayores oportunidades. Por ejemplo, en 1978 Bernie Marcus, hijo de un pobre fabricante ruso de vitrinas en Newark, New Jersey, fue despedido de Handy Dan, una ferretería minorista de bricolaje. Eso motivó a Marcus a unirse con Arthur Blank para iniciar su propio negocio. En 1979 abrieron su primer almacén en Atlanta, Georgia. Lo llamaron Home Depot. Hoy día, Home Depot tiene más de 760 almacenes en los que emplean a más de 157.000 personas; han expandido el negocio incluso a operaciones en el extranjero; y cada año venden más de treinta mil millones de dólares.

Estoy seguro que a Bernie Marcus no le gustó mucho que lo despidieran de su empleo en Handy Dan. Pero si eso no hubiera ocurrido, quién sabe si habría logrado el éxito que tiene hoy.

5. La adversidad provoca innovación

A principios del siglo veinte un muchacho cuya familia había emigrado de Suecia a Illinois envió veinticinco centavos a una editorial por un libro sobre fotografía. En vez de eso lo que recibió fue un libro de ventriloquia. ¿Qué hizo él? Se adaptó y aprendió ventriloquia. Se trataba de Edgar Bergen, quien por cuarenta años entretuvo audiencias con la ayuda de un muñeco de madera llamado Charlie McCarthy.

La capacidad de innovar está en el centro de la creatividad y es un componente vital del éxito. El profesor de la Universidad de Houston, Jack Matson, reconoció ese hecho y desarrolló un curso que sus estudiantes llaman «Fracaso 101». En él, Matson hace que los alumnos construyan modelos de productos que nadie compraría. Su objetivo es hacer que los estudiantes equiparen el fracaso con la innovación, no con la derrota. De ese modo se liberan para hacer cosas nuevas. «Aprenden a recargar y a alistarse para un nuevo disparo», dice Matson. Si usted quiere triunfar debe aprender a hacer ajustes al modo en que hace las cosas e intentar de nuevo. La adversidad ayuda a desarrollar esa habilidad.

6. La adversidad trae beneficios inesperados

El individuo promedio comete una equivocación y automáticamente piensa que es un fracaso. Pero algunas de las historias más grandes de éxito se pueden encontrar en los beneficios inesperados de las equivocaciones. Por ejemplo, la mayoría de las personas conocen la historia de Édison y el fonógrafo: Lo descubrió mientras trataba de inventar algo totalmente distinto. Pero, ¿sabía usted también que el Corn Flakes de Kellogg's fue el resultado de dejar trigo hervido en un molde para hornear pan toda la noche? ¿O que el jabón Ivory flota porque un lote se quedó en la mezcladora mucho tiempo y le entró una gran cantidad de aire? ¿O que las toallas Scott aparecieron cuando una máquina de papel higiénico unió demasiadas capas de papel?

«LAS EQUIVOCACIONES EN LA CIENCIA SIEMPRE
ANTECEDEN A LA VERDAD».
— HORACE WALPOLE

Horace Walpole dijo que «las equivocaciones en la ciencia siempre anteceden a la verdad». Eso fue lo que ocurrió al químico suizo-alemán Christian Friedrich Schönbein. Un día estaba trabajando en la cocina (lo cual su esposa le había prohibido estrictamente) y experimentaba con ácido sulfúrico y ácido nítrico. Cuando por accidente derramó algo de la mezcla sobre la mesa de la cocina pensó que estaba en problemas. (¡Sabía que sufriría una «desgracia» cuando su esposa lo descubriera!) Rápidamente agarró un delantal de algodón, limpió el desastre y colgó el delantal cerca del fuego para que el calor lo secara.

De repente hubo una violenta explosión. Evidentemente la celulosa en el algodón sufrió un proceso llamado «nitración». Sin darse cuenta, Schönbein había inventado la nitrocelulosa, a la que se llamó pólvora sin humo o pistola de algodón. Llevó su invento al mercado y ganó mucho dinero.

7. LA ADVERSIDAD MOTIVA

Hace años cuando Bear Bryant entrenaba al equipo de fútbol americano de la Universidad de Alabama, el Crimson Tide, su equipo ganaba por solo seis puntos en un partido con menos de dos minutos restantes en el último cuarto. Bryant envió a su mariscal de campo con instrucciones de jugar a la segura y matar el tiempo.

El mariscal de campo dijo al equipo: «El entrenador dice que juguemos a la segura, pero eso es lo que ellos están esperando. Démosles una sorpresa». Con eso motivó una jugada inesperada.

Cuando el mariscal de campo retrocedió y lanzó el pase, el defensa de la esquina, que era un campeón en carrera corta, interceptó el balón y se dirigió al final del campo esperando marcar una anotación. El mariscal de campo, que no era conocido como un buen corredor, se fue tras el defensa y lo agarró por detrás, derribándolo en la línea de las cinco yardas. Esto salvó el partido.

Una vez concluido el partido, el entrenador opositor se acercó a Bear Bryant y le dijo: «¿Cómo que tu mariscal de campo no era corredor? ¡Agarró por detrás a mi jugador más veloz!»

Bryant respondió: «Tu hombre corría por seis puntos; el mío corría por su vida».

Nada puede motivar a una persona como la adversidad. El buceador olímpico Pat McCormick dijo: «Creo que el fracaso es uno de los grandes motivadores. Después de mi estrecha pérdida en las pruebas de 1948 supe cuán bueno podría ser de verdad. Fue la derrota lo que enfocó mi concentración en mi entrenamiento y mis metas». McCormick siguió adelante y ganó ese año dos medallas en las Olimpiadas de Londres y otras dos en Helsinki cuatro años después.

Si usted puede retroceder y mirar con objetividad las circunstancias negativas que enfrenta en la vida, podrá descubrir que hay beneficios positivos para sus experiencias negativas. Eso casi siempre es cierto, simplemente debe estar dispuesto a ver esos beneficios... y a no tomar muy a pecho la adversidad que experimenta.

Por lo tanto, si pierde su empleo, piense en la capacidad de recuperación que está desarrollando. Si intenta algo osado y sobrevive, piense en lo que aprendió de usted mismo... y cómo esto le ayudará a tomar nuevos desafíos. Si en un restaurante le entienden mal su pedido, imagine que es una oportunidad para probar un nuevo plato. Y si sufre una ruina en su carrera, piense en la madurez que esto está desarrollando en usted. Además, Bill Vaughan dice: «En el juego de la vida es bueno sufrir al principio algunas pérdidas, lo cual libera la presión de tratar de mantener una temporada invicta». Mida siempre un obstáculo con la magnitud del sueño que está persiguiendo. Todo está en cómo usted lo ve. Intente y podrá encontrar lo bueno en toda experiencia mala.

¿QUÉ PODRÍA SER PEOR?

Una de las historias más increíbles de vencer la adversidad y tener éxito es la de José, de los hebreos antiguos. Usted conoce la historia. Él era el undécimo de doce hijos de una acaudalada familia del Oriente Medio cuyo negocio era criar ganado. De adolescente José se distanció de sus hermanos: Primero, era el favorito de su padre, aun cuando era casi el menor. Segundo, solía decirle a su padre que sus hermanos no hacían adecuadamente su trabajo con las ovejas. Tercero, cometió la equivocación de decir a sus hermanos que un día los gobernaría. Al principio un grupo de sus hermanos quería matarlo, pero el mayor, Rubén, evitó que hicieran eso. Por lo tanto, cuando Rubén no estaba cerca, los demás lo vendieron como esclavo.

José terminó en Egipto trabajando en la casa del capitán de la guardia, un hombre llamado Potifar. Debido a sus habilidades de líder y administrador, José subió rápidamente de categoría y al poco tiempo administraba toda la casa. Estaba sacando lo mejor de una situación adversa. Pero las cosas empeoraron. La esposa de su amo intentó persuadirlo de que durmiera con ella. Al negarse, ella lo acusó de insinuársele, e hizo que Potifar lo lanzara en la cárcel.

De esclavo a prisionero

En ese momento José se encontraba en una posición muy difícil. Estaba separado de su familia. Vivía lejos de casa en una tierra extraña. Era esclavo. Y estaba en prisión. Pero por otra parte sacó lo mejor de una situación difícil. Al poco tiempo el guardián de la prisión lo puso a cargo de los prisioneros y de todas las actividades diarias de la prisión.

Estando en prisión, José tuvo la oportunidad de conocer a un preso que había sido funcionario de la corte de Faraón: el jefe de los coperos. José le hizo un favor al interpretar un sueño que el hombre tuvo. Cuando vio que el funcionario estaba agradecido, José le hizo una petición a cambio.

«Acuérdate, pues, de mí cuando tengas ese bien», pidió José, «y te ruego que uses conmigo de misericordia y hagas mención de mí a Faraón y me saques de esta casa. Porque fui hurtado de la tierra de los hebreos; y tampoco he hecho aquí por qué me pusiesen en la cárcel».[5]

José tuvo una gran esperanza unos días después cuando el funcionario fue devuelto a la corte y obtuvo gracia del monarca.

Esperó en todo momento recibir el mensaje de que Faraón lo ponía en libertad. Pero esperó; y esperó. Dos años pasaron antes que el copero recordara a José, y lo hizo porque Faraón quería que alguien interpretara uno de sus sueños.

FINALMENTE... VALIÓ LA PENA

Al final José pudo interpretar los sueños de Faraón. Y debido a que el hebreo mostró gran sabiduría, el gobernador egipcio lo puso a cargo de todo el reino. Como consecuencia del liderazgo, la planificación y el sistema de almacenar alimentos de José, cuando el hambre golpeó el Oriente Medio siete años después, sobrevivieron muchos miles de personas que de otro modo habrían muerto... entre ellas su propia familia. Cuando sus hermanos viajaron a Egipto para mitigar el hambre (veinte años después de haberlo vendido como esclavo) descubrieron que su hermano José no solo estaba vivo sino que era el segundo al mando del reino más poderoso del mundo.

Pocas personas recibirían con agrado la adversidad de trece años de esclavitud y prisión. Pero hasta donde sabemos, José nunca renunció a la esperanza y no perdió su perspectiva. Tampoco guardó rencor a sus hermanos. Después de la muerte de su padre, les dijo: «Vosotros pensasteis mal contra mí, mas Dios lo encaminó a bien, para hacer lo que vemos hoy, para mantener en vida a mucho pueblo».

José descubrió los beneficios positivos en sus experiencias negativas. Y si él lo pudo hacer, nosotros también. Para ayudarle a lograrlo, usted debe dar el próximo paso relacionado con la actitud. Debe ser capaz de tratar positivamente con el fracaso.

PARTE III

EL FUTURO CON LA ACTITUD ADECUADA

6

¿QUÉ ES EL FRACASO?

Toda persona de éxito es alguien que fracasó,
pero que no se consideró un fracaso.

Hace años en una entrevista David Brinkley preguntó a la columnista Ann Landers qué preguntas recibía con más frecuencia de los lectores. Esta fue su respuesta: « ¿Qué hay de malo conmigo?»

La respuesta de Landers revela mucho acerca de la naturaleza humana. Muchas personas luchan con sentimientos de fracaso, siendo los más perjudiciales los pensamientos dudosos acerca de sí mismas. En el centro de esas dudas y sentimientos hay una pregunta central: ¿Soy un fracaso? Y eso es un problema, porque creo que es casi imposible para cualquiera creer que es un fracaso y triunfar al mismo tiempo. Al contrario, usted debe enfrentar el fracaso con la actitud correcta y decidirse a continuar a pesar del error.

Parece que columnistas que aconsejan (como la finada Ann Landers) y escritores humoristas reconocen que mantener una buena actitud acerca de sí mismos es importante para vencer la adversidad y las equivocaciones. La finada Erma Bombeck, quien escribía una columna humorística semanal publicada en muchos periódicos del país hasta semanas antes de su muerte en 1996, tenía una firme convicción de lo que significaba perseverar y fracasar sin tomar muy personalmente el fracaso.

DE COPIADORA DE PERIÓDICO A LA
PORTADA DE LA REVISTA *TIME*

Erma Bombeck transitó un camino lleno de adversidad, comenzando por su profesión. Fue atraída al periodismo temprano en su vida. Su primer trabajo fue como copiadora en el *Dayton Journal-Herald* cuando era adolescente. Pero cuando fue a la Universidad de Ohio, un guía asesor le aconsejó: «Olvídate de escribir». Ella se negó. Después fue trasladada a la Universidad de Dayton y en 1949 se graduó con un título en inglés. Poco después comenzó a trabajar como escritora... para la columna de obituarios y la página femenina.

Ese año la adversidad llegó a su vida personal. Cuando se casó, uno de sus anhelos más profundos era llegar a ser madre. Pero para su consternación, los médicos le dijeron que no podía tener hijos. ¿Consideró eso un fracaso? No, ella y su esposo exploraron la posibilidad de la adopción y luego adoptaron una hija.

Dos años después una sorprendida Erma quedó embarazada. Pero eso le trajo más dificultades. En cuatro años experimentó cuatro embarazos, pero solo dos de los bebés sobrevivieron.

En 1964 Erma logró convencer al editor de un pequeño periódico local, el *Kettering-Oakwood Times*, para que la dejara escribir una columna semanal humorística. Se mantuvo escribiendo, a pesar de los lastimosos tres dólares por artículo que le pagaban. Eso le abrió una puerta. Al año siguiente le ofrecieron la oportunidad de escribir una columna tres veces por semana para su antiguo empleador, el *Dayton Journal-Herald*. En 1967 su columna se publicaba en más de novecientos periódicos de todo el país.

Erma escribió su columna humorística por poco más de treinta años. Durante ese tiempo publicó quince libros, fue reconocida como una de las veinticinco mujeres más influyentes de EE.UU., apareció frecuentemente en el show de televisión *Buenos Días América*, salió en la portada de la revista *Time*, recibió innumerables honores (como la Medalla de Honor de la Sociedad Estadounidense del Cáncer) y fue condecorada con quince títulos honoríficos.

MÁS QUE HABLAR DE SUS PROBLEMAS

Sin embargo, durante ese tiempo Erma Bombeck también experimentó increíbles problemas y sufrimientos, incluyendo cáncer de mama, una mastectomía, e insuficiencia renal.

Además no le avergonzaba hablar de su perspectiva sobre sus
experiencias de la vida:

> Hablo en las ceremonias de graduación en la universidad y
> les digo a todos que yo estoy aquí arriba y ellos allá abajo,
> no debido a mis triunfos, sino a mis fracasos. Entonces
> procedo a narrar todos mis descalabros: un álbum
> humorístico grabado del que se vendieron dos copias en
> Beirut... una comedia que duraba tanto como un bizcocho
> en nuestra casa... una representación de Broadway que
> nunca vio Broadway... libros de canto que atrajeron a dos
> personas: una que quería indicaciones para ir al baño y la
> otra que quería comprar el escritorio.
>
> Lo que tienes que decir de ti es: «No soy un fracaso.
> Fracasé al hacer algo». Hay una gran diferencia...
> Personalmente y en lo que respecta a la profesión, ha sido
> un camino escabroso. He enterrado bebés, he perdido
> padres, he tenido cáncer y me he preocupado por los niños.
> El truco es ponerlo todo en perspectiva... y eso es lo que
> hago para vivir.[1]

Esa actitud ganadora mantuvo a Erma Bombeck con los
pies sobre la tierra. (A ella le gustaba referirse a sí misma
como «madre tutora y antigua escritora de obituarios».) Esto
también la mantuvo andando (y escribiendo) a través de las
desilusiones, el dolor, las cirugías y la diálisis renal diaria
hasta su muerte a los sesenta y nueve años.

TODO GENIO PUDO HABER SIDO UN «FRACASO»

Cada persona de éxito es alguien que fracasó, pero que no se consideró un fracaso. Por ejemplo, a Wolfgang Mozart, uno de los genios de la composición musical, el emperador Ferdinand le dijo que su ópera *La boda de Fígaro* era «demasiado ruidosa» y que contenía «muchas notas». El artista Vincent van Gogh, cuyas pinturas establecen ahora récords por las cantidades que dejan en las subastas, vendió solo una pintura en su vida. De Thomas Édison, el inventor más prolífico de la historia, se decía cuando era joven que era ineducable. A Albert Einstein, el más grande pensador de nuestro tiempo, le dijo un maestro de escuela que «nunca llegaría a nada».

Creo que es confiable decir que a todos los que han obtenido grandes logros les han dado muchas razones para que crean que son fracasados. Pero a pesar de eso permanecieron positivos y perseveraron. Frente a la adversidad, el rechazo y los fracasos continuaron creyendo en sí mismos y se negaron a considerarse fracasados. Eligieron desarrollar la actitud correcta acerca del fracaso.

AVANZAR A PESAR DEL FRACASO NO ES FALSA AUTOESTIMA

Doy un gran valor a elogiar a la gente, especialmente a los

niños. Es más, creo que las personas viven al nivel de
expectativa que se les dé. Sin embargo, también creo que usted
debe cimentar sus elogios en la verdad. Usted no inventa cosas
agradables para decir acerca de otros. He aquí el enfoque que
utilizo para animar y dirigir a otros:

Apreciar a las personas.
Elogiar el esfuerzo.
Recompensar el desempeño.

Uso este método con todo el mundo. Utilizo incluso una
forma de él en mí mismo. Cuando estoy trabajando no me
doy una recompensa hasta después de terminado el trabajo.
Cuando enfoco una tarea o proyecto doy lo mejor de mí, y
sin importar los resultados tengo una clara conciencia. No
tengo problemas de sueño en la noche. Y no importa dónde
falle o cuántos errores cometa, no dejo que esto devalúe mi
valor como persona. Como dice el dicho: «Dios usa personas
que fallan, porque no hay otra clase de gente alrededor».

Es posible cultivar una actitud positiva acerca de usted
mismo, a pesar de las circunstancias que enfrente o del tipo
de historia que tenga.

SIETE HABILIDADES NECESARIAS PARA AVANZAR A PESAR DEL FRACASO

He aquí siete habilidades que permiten a los triunfadores

aprender del fracaso, a no tomar el fracaso personalmente, y a seguir adelante:

1. No acepte el rechazo

El escritor James Allen afirma: «Un hombre es prácticamente lo que cree, siendo su carácter la suma de todos sus pensamientos». Por eso es importante asegurarse de que su pensamiento esté en el sendero correcto.

Los individuos que no se dan por vencidos se mantienen intentando, porque no basan su valor propio en su desempeño. Al contrario, tienen una imagen de sí mismos basada en su interior. En vez de decir: «Soy un fracaso», dicen: «Fallé esta vez», o «cometí una equivocación».

El psicólogo Martin E. Seligman cree que tenemos dos alternativas cuando fallamos: Podemos interiorizar o exteriorizar nuestro fracaso. «La gente que se culpa cuando falla... piensa que no tiene valor, talento ni afecto», dice Seligman. «Quienes culpan a los acontecimientos externos no pierden la imagen de sí mismos cuando llegan las catástrofes».[2] Para mantener la perspectiva correcta, responsabilícese de sus acciones, pero no se tome el fracaso como algo personal.

2. Vea el fracaso como algo temporal

Las personas que personalizan el fracaso ven un problema como un hoyo en el que están permanentemente atascadas. Pero quienes logran resultados positivos ven cualquier aprieto como algo temporal. Por ejemplo, tome el caso del presidente de los Estados Unidos, Harry S. Truman. En 1922 tenía treinta y ocho años de edad, estaba endeudado y no tenía trabajo. En 1945 fue el líder más poderoso del mundo libre, ocupando el puesto más alto en el mundo. Si se hubiera visto como un fracaso permanente se habría estancado y no se habría mantenido intentando y creyendo en su potencial.

3. VEA LOS FRACASOS COMO INCIDENTES AISLADOS

El escritor Leo Buscaglia hablaba una vez acerca de su admiración por la experta en cocina Julia Child: «Me encanta su actitud. Ella dice: "¡Esta noche haremos un soufflé!" Entonces bate esto y agrega aquello, derrama cosas en el piso… y hace todas estas cosas humanas maravillosas. Luego toma el soufflé, lo pone en el horno y habla con usted mientras tanto. Finalmente dice: «¡Está listo!» Pero cuando abre el horno, el soufflé sencillamente está tan plano como una tortilla. Sin embargo, ¿se llena ella de pánico o se pone a llorar? ¡No! Sonríe y dice: «Bueno, no puedes ganarlas todas. ¡Buen apetito!»

Cuando los que obtienen logros fallan, ven su fracaso como un suceso momentáneo, no como una epidemia de por vida. No es personal. Si usted quiere triunfar, no permita que algún sencillo incidente empañe su opinión de usted mismo.

4. MANTENGA EXPECTATIVAS REALISTAS

Mientras más grande sea la hazaña que desea lograr, mayor la preparación mental requerida para vencer los obstáculos y perseverar a largo plazo. Si usted quiere dar una vuelta por su vecindario puede esperar razonablemente tener pocos problemas, si es que los hubiera. Pero ese no es el caso si intenta subir al Monte Everest.

Se necesita tiempo, esfuerzo y capacidad para vencer contratiempos. Usted debe enfocarse cada día en expectativas razonables y no permitir que se lastimen sus sentimientos cuando no todo salga a la perfección.

Algo que sucedió en el día inaugural de la temporada de béisbol en 1954 ilustra bien el asunto. Jugaban los Bravos de Milwakee y los Rojos de Cincinnati, un novato en cada equipo hacía su debut en las grandes ligas durante ese partido. El novato que jugaba para los Rojos golpeó cuatro dobles y ayudó a su equipo a ganar por marcador de 9-8. El novato de los Bravos se fue 0 de 5. El jugador de los Rojos era Jim Greengrass, un nombre que quizás usted no había oído. El otro tipo, que no logró una anotación, podría ser más conocido para usted. Su nombre era Hank Aaron, el jugador que se convirtió en el mejor anotador de jonrones en la historia del béisbol.

¿Qué hubiera pasado si las expectativas de Aaron para el primer partido no hubieran sido realistas? Quizás habría abandonado el béisbol. Con seguridad que ese día no estuvo feliz con su desempeño, pero no pensó en sí mismo como un fracaso. Había trabajado muy duro por mucho tiempo. No iba a darse fácilmente por vencido.

5. ENFÓQUESE EN LAS FORTALEZAS

Otra manera en que evitan personalizar el fracaso quienes consiguen logros es enfocándose en sus fortalezas. A Bob Butera, ex presidente del equipo de jockey los Diablos de New Jersey, le preguntaron qué hace ganador a un equipo. Respondió: «Lo que distingue a los ganadores de los perdedores es que los primeros se concentran en todo momento en lo que pueden hacer, no en lo que no pueden hacer. Si un tipo es un gran tirador pero no un gran patinador, le decimos que piense solo en el disparo, el disparo, el disparo... no en algún otro rival que lo saque del patinaje. La idea es recordar sus éxitos».

Si una debilidad es asunto de carácter, se le debe prestar mucha atención. Enfóquese en ella hasta que la apuntale. De otro modo, lo mejor que se puede hacer para aprender de un fracaso es desarrollar y potenciar al máximo sus fortalezas.

6. VARÍE LOS ENFOQUES HACIA EL LOGRO

Brian Tracy escribe en *The Psychology of Achievement* [La psicología del logro] acerca de cuatro millonarios que hicieron sus fortunas a los treinta y cinco años de edad. Participaron en un promedio de diecisiete negocios antes de encontrar el que los llevaría a la cumbre. Se mantuvieron tratando y cambiando hasta encontrar algo que diera buen resultado.

Quienes alcanzan logros están dispuestos a variar sus enfoques a los problemas. Eso es importante en cada aspecto de la vida, no solo en los negocios. Por ejemplo, si usted es admirador de pruebas de atletismo, sin duda ha disfrutado viendo a los atletas competir en salto alto. Siempre me asombraron las alturas logradas por hombres y mujeres en esa prueba. Lo interesante realmente es que en la década de los sesenta el deporte pasó por un cambio importante de técnica, que permitió a los atletas romper antiguas marcas y elevarlas a nuevos niveles.

La persona responsable de ese cambio fue Dick Fosbury. Mientras los atletas de antes usaban el método de sentarse a horcajadas en el salto de altura, en el cual pasaban de frente sobre la barra con una pierna y un brazo hacia delante, Fosbury desarrolló una técnica en que pasaba primero la cabeza con la espalda sobre la barra. Se le llamó la caída de Fosbury.

El desarrollo de una nueva técnica de salto de altura era una cosa. Lograr que otros la aceptaran era otro asunto. Fosbury observó: «Se me dijo una y otra vez que nunca tendría éxito, que no iba a ser competitivo y que la técnica simplemente no funcionaría. Lo único que podía hacer era encogerme de hombros y decir: "Simplemente lo veremos"».

Y la gente lo vio. Fosbury ganó la medalla de oro en los Juegos Olímpicos de Ciudad de México en 1968, haciendo añicos el récord anterior y estableciendo un nuevo récord mundial en el proceso. Desde entonces casi todo atleta de talla mundial en salto de altura ha usado esta técnica. Para lograr sus metas, Fosbury varió su enfoque del salto de altura y mantuvo una actitud positiva al no permitir que los comentarios de otros lo hicieran sentir como un fracasado.

7. Recupérese

Todos los que obtienen logros poseen en común la capacidad de recuperarse después de un error, una equivocación o un fracaso. El psicólogo Simone Caruthers dice: «La vida es una serie de resultados. A veces el resultado es lo que deseas. Destaca lo que hiciste bien. A veces el resultado no es lo que deseas. Muy bien. Destaca lo que hiciste para no volver a hacerlo». La clave para recuperarse se encuentra en su actitud hacia el resultado.

Los que obtienen logros pueden seguir adelante sin importarles lo que suceda. Eso se hace posible porque recuerdan que fracasar no los convierte en fracasos. Nadie debería tomar las equivocaciones como algo personal. Esa es la mejor manera de levantarse después de un fracaso y continuar con una actitud positiva. Una vez que usted haga esto se encontrará listo para el éxito, el cual es el tema del próximo capítulo.

7

¿QUÉ ES EL ÉXITO?

*La actitud determina cuán lejos puede
usted llegar en el viaje al éxito.*

¿Quiere usted tener éxito? El problema para la mayoría de los individuos que desean triunfar *no* es que no puedan tener éxito. El obstáculo principal para ellos es que interpretan mal el éxito. No tienen la *actitud* adecuada al respecto. Maltbie D. Babcock dijo: «Uno de los errores más comunes y más costosos es pensar que el éxito se debe a algún genio, a algo mágico, a alguna persona o cosa que no tenemos».

¿Qué es el éxito? ¿A qué se parece? La mayoría de las personas tienen una imagen imprecisa de lo que significa ser un triunfador, que podría parecerse a:

La riqueza de Bill Gates,
el físico de Arnold Schwarzenegger,
(o de Tyra Banks),
la inteligencia de Albert Einstein,

la capacidad atlética de Michael Jordan,
las habilidades comerciales de Donald Trump,
el garbo social y la desenvoltura de Jackie Kennedy,
la imaginación de Walt Disney, y
el corazón de la Madre Teresa.

Eso parece absurdo, pero está más cerca de la verdad de lo que nos gustaría admitir. Muchos de nosotros representamos el éxito como si fuera alguien distinto de quienes somos. Ese es el modo erróneo de pensar en él. Si usted tratara de llegar a ser como una de esas personas, no tendría éxito. Sería una mala imitación de ella y eliminaría la posibilidad de convertirse en quien se supone que debe ser.

La actitud incorrecta acerca del éxito

Aunque usted evitara la trampa de pensar que el éxito significa ser como alguien más, aún podría tener una actitud equivocada hacia el éxito. Muchas personas equiparan incorrectamente al éxito con alguna clase de logro, con la llegada a un destino o con la obtención de una meta. He aquí algunos de los errores más comunes acerca del éxito:

Riqueza

Quizás el malentendido más común acerca del éxito es que es igual a tener dinero. Muchas personas creen que triunfarán si acumulan riquezas. Pero la riqueza no elimina los problemas comunes y provoca muchos otros. Si usted no cree eso, vea la vida de los ganadores de lotería. La riqueza no da satisfacción ni éxito.

UN SENTIMIENTO ESPECIAL

Otro error común es que la gente ha obtenido el éxito cuando se siente triunfadora o feliz. Pero tratar de *sentirse* es tal vez aun más difícil que intentar ser ricos. La búsqueda continua de la felicidad es una razón primordial de que muchas personas estén abatidas. Si usted hace de la felicidad su meta, está casi seguramente destinado al fracaso. Estará en una constante montaña rusa, yendo del éxito al fracaso con cada cambio de humor. La vida es incierta y las emociones no son estables. Sencillamente no se puede confiar en la felicidad como una medida de éxito.

POSESIONES ESPECÍFICAS Y QUE VALEN LA PENA

Piense en cuando usted era niño. Tal vez esa fue una época en que deseaba algo con toda el alma y creía que tenerlo sería decisivo en su vida. Cuando yo tenía nueve años de edad se trataba de una bicicleta Schwinn color vino y plata, la cual recibí en Navidad. Pero pronto descubrí que eso no me daba el éxito o la satisfacción duradera que había esperado.

Ese proceso se ha repetido en mi vida. Descubrí que el éxito no llegó al convertirme en un iniciador de mi equipo de básquetbol del colegio, ni cuando llegué a ser el presidente del cuerpo estudiantil en la universidad, ni cuando compré mi primera casa. El éxito nunca ha llegado como consecuencia de poseer algo que yo anhelaba. Las posesiones son a lo mejor una posición temporal. El éxito no se puede obtener ni medir de ese modo.

PODER

Charles McElroy bromeó una vez: «Por lo general el poder se reconoce como un excelente antidepresivo de poca duración». Esa afirmación contiene mucha verdad porque a menudo el poder da apariencia de éxito, pero aun así es solo temporal.

Usted quizás ha oído antes la cita del historiador inglés Lord Acton: «El poder tiende a corromper y el poder absoluto corrompe completamente». Abraham Lincoln hizo eco de tal creencia cuando dijo: «Casi todos los hombres pueden soportar la adversidad, pero si deseas probar el carácter de un hombre, dale poder». En realidad el poder es una prueba de carácter. En manos de una persona de integridad es un gran beneficio; en manos de un tirano ocasiona terrible destrucción. El poder en sí no es positivo ni negativo; y no es fuente de seguridad ni de éxito. Además, todos los dictadores, incluso los benévolos, finalmente pierden el poder.

LOGROS

Muchas personas padecen de lo que llamo «destinitis». Creen que tendrán éxito si llegan a algún lado, alcanzan una posición, logran una meta, o tienen relación con la persona adecuada. En una época yo tenía una opinión parecida del triunfo. Lo definía como la comprensión progresiva de una meta determinada que valía la pena. Sin embargo, con el tiempo me di cuenta de que la definición se quedaba corta. El éxito no es una lista de metas que se han de revisar una tras otra. No es alcanzar un destino. El éxito es un viaje.

LA ACTITUD CORRECTA ACERCA DEL ÉXITO

Si el éxito es un viaje, ¿cómo lo empieza usted? ¿Qué se necesita para ser un triunfador? Se necesitan dos cosas: la actitud correcta hacia el éxito y los principios correctos para llegar allá. Una vez que usted redefine el éxito como un viaje, puede mantener la actitud correcta hacia él. Entonces está listo para iniciar el proceso. Las consecuencias podrían ser tan exclusivas como cada individuo, pero el proceso es el mismo para todo el mundo. He aquí mi definición de éxito:

Éxito es...
Conocer su propósito en la vida,
Crecer hasta alcanzar su máximo potencia, y
Sembrar semillas que beneficien a otros.

Cuando usted piensa así del éxito comprende por qué este se debe ver como un viaje en vez de un destino. No importa cuánto tiempo viva usted o qué decida hacer en la vida, mientras tenga la actitud adecuada acerca del éxito nunca agotará su capacidad de crecer hacia su potencial, ni se quedará sin oportunidades de ayudar a otros. Cuando usted ve el éxito como un viaje no tiene el problema de tratar de «llegar» a un destino final difícil de alcanzar. Y nunca se encontrará en una posición donde haya alcanzado alguna meta final, solo para descubrir que aun está insatisfecho y en busca de algo más que hacer.

Para tener una mejor idea de estos aspectos demos una mirada a cada uno de ellos:

Conocer su propósito

Usted no puede reemplazar con nada al conocimiento de su propósito. El millonario industrial Henry J. Kaiser, fundador de Aluminio Kaiser y del sistema de cuidado de la salud Kaiser-Permanente, dijo: «Es abrumadora la evidencia de que no puedes empezar a dar lo mejor de ti a menos que establezcas algún propósito en tu vida». Dicho de otro modo, si usted no intenta activamente descubrir su propósito es probable que pase la vida cometiendo equivocaciones.

Pienso que Dios creó a cada persona para un propósito. Según el psicólogo Víktor Frankl, «todo el mundo tiene su vocación propia o misión específica en la vida. Cada uno debe realizar una tarea concreta que demanda cumplimiento. En ese sentido no se puede reemplazar a nadie ni se puede repetir la vida de nadie. Por consiguiente, la tarea de cada uno es tan única como su oportunidad específica de ejecutarla».

Cada uno de nosotros tiene un propósito para el cual fuimos creados. Nuestra responsabilidad (y nuestra mayor alegría) es identificarlo.

He aquí algunas preguntas que usted se debe hacer para ayudarle a identificar su propósito:

¿Qué estoy buscando? Todos tenemos un fuerte deseo enterrado en nuestro corazón, algo que habla a nuestros pensamientos y sentimientos más profundos, algo que enciende nuestra alma. Usted solo necesita encontrarlo.

¿Por qué fui creado? Cada uno de nosotros es diferente. Piense en su mezcla única de capacidades, en los recursos que tiene a su disposición, en su historia personal y en las oportunidades que lo rodean. Si identifica con objetividad estos factores y descubre el anhelo de su corazón, habrá hecho mucho hacia el descubrimiento de su propósito en la vida.

¿Creo en mi potencial? Si usted no cree tener potencial nunca intentará alcanzarlo. Debería seguir el consejo del presidente Theodore Roosevelt: «Haz lo que puedas, con lo que tengas, donde estés». ¿Qué más se puede esperar de usted si hace esto con la mira puesta en el propósito de su vida?

¿Cuándo empiezo? La respuesta a esa pregunta es AHORA.

CRECER A SU MÁXIMO POTENCIAL

El novelista H.G. Wells sostenía que riqueza, notoriedad, posición y poder no son en absoluto medidas del éxito. La única medida verdadera del éxito es la proporción entre lo que podríamos haber sido y aquello en que nos hemos convertido. En otras palabras, el éxito llega como consecuencia de crecer hasta nuestro potencial.

Tenemos un potencial casi ilimitado, pero muy pocos intentan alcanzarlo. ¿Por qué? La respuesta yace en esto: Podemos hacer *cualquier cosa*, pero no podemos hacerlo *todo*. Muchas personas permiten que quienes les rodean decidan su itinerario en la vida. Por consiguiente nunca se dedican realmente a *su* propósito en la vida. Se convierten en individuos que saben un poco de todo y mucho de nada; en vez de saber bastante de pocas cosas y estar enfocados en una.

Si eso lo describe a usted más de lo que quisiera, quizás esté listo para dar pasos hacia un cambio. He aquí cuatro principios que lo encaminarán para crecer hacia su potencial:

I. Concéntrese en una meta principal

Nadie ha alcanzado su potencial si se extiende en veinte direcciones. Alcanzar su potencial requiere enfoque.

2. Concéntrese en mejorar continuamente

A David D. Glass, presidente del comité ejecutivo de la junta directiva de Wal-Mart, le preguntaron una vez a quién admiraba más. Respondió que a Sam Walton, el fundador de Wal-Mart. Glass mencionó: «No ha habido un día en su vida, desde que lo conozco, que no mejorara de algún modo». Comprometerse con el mejoramiento continuo es la clave para alcanzar su potencial y ser un triunfador.

3. OLVIDE EL PASADO

Mi amigo Jack Hayford, pastor de la Iglesia en el Camino en Van Nuys, California, comentó: «El pasado es un asunto cancelado y no podemos acelerar hacia el futuro si arrastramos el pasado detrás de nosotros».

Si usted necesita inspiración, piense en otras personas que vencieron obstáculos aparentemente insuperables, como Booker T. Washington, Helen Keller y Franklin Delano Roosevelt. Cada uno de ellos venció increíbles desventajas para lograr grandes cosas. Recuerde: no importa lo que usted haya enfrentado en el pasado, tiene el *potencial* de vencerlo.

4. ENFÓQUESE EN EL FUTURO

Yogi Berra, personaje del Salón de la Fama del béisbol, declaró: «El futuro no es lo que solía ser». Aunque quizás eso sea cierto, es aun el único lugar que tenemos para ir. Su potencial está delante de usted, sea que tenga ocho, dieciocho, cuarenta y ocho, u ochenta años. Usted aún tiene espacio para mejorar. Mañana puede llegar a ser mejor de lo que es hoy. Así lo dice el proverbio español: «Quien no mira hacia adelante se queda atrás».

SIEMBRE SEMILLAS QUE BENEFICIEN A OTROS

Usted está bien encaminado hacia el éxito cuando conoce su propósito en la vida y está creciendo para alcanzar su máximo potencial. Pero hay una parte más esencial del viaje del éxito:

ayudar a otros. Sin ese aspecto, el viaje puede ser una experiencia solitaria y superficial.

Se ha dicho que sobrevivimos de lo que ganamos, pero vivimos por lo que damos. El médico, teólogo y filósofo Albert Schweitzer lo afirmó de modo aun más enérgico: «El propósito de la vida humana es servir, y mostrar compasión y deseo de ayudar a otros». Para él, el viaje del éxito lo llevó a África, donde sirvió a las personas durante muchos años.

Tal vez sembrar semillas que beneficien a otros no signifique para usted viajar a otra nación con el fin de servir a los pobres… a menos que ese sea el propósito para el que nació. (De ser así, no estará satisfecho hasta que esté haciendo eso.) Sin embargo, si usted es como la mayoría de las personas, ayudar a otros es algo que puede hacer donde se encuentra, ya sea pasando más tiempo con su familia, desarrollando a un empleado que muestra potencial, ayudando a la gente de la comunidad, o haciendo a un lado sus deseos por el bien de su equipo en el trabajo. La clave es encontrar su propósito y ayudar a otros mientras sigue adelante. El animador Danny Thomas insistió en que «todos nacimos por una razón, pero no todos la descubrimos. El éxito en la vida nada tiene que ver con lo que usted obtiene en ella o con lo que logra por sí mismo. Es lo que hace por los demás».

SOBREVIVIMOS DE LO QUE GANAMOS,
PERO VIVIMOS POR LO QUE DAMOS.

Tener el punto de vista correcto del éxito puede ayudarle a mantener una actitud positiva acerca de usted y de la vida, sin importar en qué clase de circunstancias se halle. Si usted puede ayudar a quienes dirige a adoptar esa misma perspectiva del éxito, puede también ayudarles a tener siempre esperanza y a volverse triunfadores. ¿Por qué? Porque todas las personas (a pesar del nivel de talento, educación o cultura) pueden conocer su propósito, crecer hasta su máximo potencial y sembrar semillas que beneficien a otros. Además, de lo que verdaderamente se trata el liderazgo es de ayudar a la gente.

Pero hay una verdad más que usted debe saber si quiere ser un líder de éxito en el campo de la actitud. La descubrirá en el último capítulo.

8

¿Cómo puede un líder mantenerse en ascenso?

Los líderes tienen que renunciar para subir.

Hoy en día muchos individuos quieren trepar la escalera empresarial porque creen que en lo alto les espera la libertad, el poder y las recompensas. Lo que no comprenden es que la verdadera naturaleza del liderazgo es en realidad el sacrificio.

La mayoría de las personas reconocen que los sacrificios son necesarios casi desde el inicio de una carrera de liderazgo y renuncian a muchas cosas para obtener oportunidades potenciales. Por ejemplo, Tom Murphy empezó a trabajar para General Motors en 1937. Pero casi rechazó el cargo principal que le ofrecieron en la empresa porque el salario de cien dólares mensuales escasamente cubría sus gastos. A pesar de sus dudas aceptó de todos modos el empleo, pensando que valía la pena sacrificarse por la oportunidad. Tenía razón. Finalmente Murphy se convirtió en el presidente de la junta directiva.

El sacrificio es una constante en el liderazgo. Es un proceso continuo, no un pago único. Es una actitud que debe conservar cualquier líder de éxito. Cuando miro hacia atrás en mi carrera reconozco que siempre ha habido un precio involucrado para seguir adelante. Eso ha sido cierto para mí en el área financiera con cada cambio profesional que he hecho desde que tenía veintidós años de edad. En cualquier momento en que usted sepa que el paso es correcto, no dude en hacer el sacrificio.

USTED DEBE RENUNCIAR PARA SUBIR

Los líderes que desean ascender deben hacer algo más que aceptar un recorte ocasional de su pago. También tienen que renunciar a sus derechos. Mi amigo Gerald Brooks lo dice así: «Cuando te conviertes en líder pierdes el derecho a pensar en ti». La naturaleza del sacrificio puede ser distinta para cada persona. Los líderes renuncian para subir. Eso es verdad en cada líder sin tener en cuenta la profesión. Hable con cualquier de ellos y descubrirá que ha hecho sacrificios continuos. Generalmente, mientras más alto ha escalado, más sacrificios ha hecho.

MIENTRAS MÁS ALTO SUBA, MÁS ALTO SUBA, MÁS DEBE RENUNCIAR

¿Quién es el líder más poderoso del mundo? Yo diría que es el presidente de EE.UU. Sus acciones y palabras, más que las de cualquier otra persona, tienen impacto en la gente, no solo de nuestra nación sino de todo el mundo. Piense en todo a lo que debió renunciar para llegar a la oficina presidencial y para luego mantenerse en ella. Su tiempo ya no le pertenece. Lo escudriñan constantemente. Su familia está bajo enorme presión. Y automáticamente debe tomar decisiones que pueden costar la vida de miles. Incluso después de dejar su cargo pasará el resto de su vida en compañía de agentes del servicio secreto para su protección.

Mientras más grande es el líder, a más debe renunciar. Piense en alguien como Martin Luther King, hijo. Su esposa, Coretta Scott King, observó en *Mi vida con Martin Luther King, hijo:* «Nuestro teléfono sonaba día y noche y alguien soltaba una sarta de obscenidades... a menudo las llamadas terminaban con una amenaza de matarnos si no salíamos de la ciudad. Pero a pesar de todo el peligro y el caos de nuestras vidas privadas, me sentía inspirada y casi eufórica».

Mientras seguía el curso de su liderazgo durante el movimiento de derechos civiles, King fue arrestado y encarcelado en muchas ocasiones. Fue apedreado, apuñalado y atacado físicamente. Su casa fue bombardeada. Sin embargo, su visión (y su influencia) siguieron en ascenso. Finalmente sacrificó todo lo que tenía. Pero renunciaba a todo ello de buena gana. En su último discurso, la noche antes de su asesinato en Memphis, dijo:

No sé qué me sucederá ahora. Tenemos algunos días difíciles por delante. Pero eso no me importa ahora. Porque he estado en la cima de la montaña. No me preocuparé. Como cualquier otro, me gustaría vivir bastante. La longevidad tiene su lugar. Pero eso no me preocupa ahora. Solo quiero hacer la voluntad de Dios. Y Él me ha permitido subir la montaña. He inspeccionado y he visto la tierra prometida. Quizás no iré allá con ustedes, pero esta noche quiero que sepan que nosotros, como pueblo, iremos a la tierra prometida. Por eso esta noche estoy feliz... No tengo miedo de hombre alguno. «Mis ojos han visto la gloria de la venida del Señor».[1]

Al día siguiente Luther King pagó el último precio del sacrificio. Su impacto fue profundo. Influyó para que millones de personas se levantaran pacíficamente contra un sistema y una sociedad que luchaba por excluirlas.

MIENTRAS MÁS ALTO ES EL NIVEL DE LIDERAZGO QUE USTED QUIERE ALCANZAR, MAYORES SERÁN LOS SACRIFICIOS QUE DEBERÁ HACER.

Lo que las personas exitosas descubren que es cierto se vuelve aun más claro para ellas cuando se convierten en líderes. No hay éxito sin una actitud de sacrificio. Mientras más alto es el nivel de liderazgo que usted quiere alcanzar, mayores serán los sacrificios que deberá hacer. Para ascender es necesario renunciar. Esa es la verdadera naturaleza del liderazgo. Ese es el poder de la actitud correcta.

Notas

Capítulo 1
1. John C. Maxwell, *Actitud de vencedor*, Caribe-Betania Editores, Nashville, p. 24 en el original en inglés.
2. Denis Waitley, *The Winner's Edge*, Berkley Publishing Group, Nueva York, 1994.
3. Pat Riley, *The Winner Within*, Berkley Publishing Group, Nueva York, 1994, pp. 41, 52.

Capítulo 2
1. Gálatas 6.7.
2. J. Sidlow Baxter, *Awake, My Heart*, Kregal Publications, Grand Rapids, 1996.
3. Véase Lucas 15.29-30.

Capítulo 4
1. Proverbios 23.7.
2. Filipenses 4.8.

Capítulo 5
1. David Bayles y Ted Orland, *Art and Fear: Observations on the Perils (And Rewards) of Artmaking* [Arte y temor: Observaciones sobre los peligros (y recompensas) de la producción de arte], Capra Press, Santa Barbara, 1993, p. 29.
2. Arthur Freeman y Rose Dewolf, *Woulda, Coulda, Shoulda: Overcoming Regrets, Mistakes, and Missed Opportunities* [Debes, puedes y tienes que: Cómo vencer remordimientos, equivocaciones y oportunidades perdidas], HarperCollins, Nueva York, 1992.
3. Patricia Sellers, «¡Levántate ya!», *Fortune*, mayo 1, 1995, p. 49.
4. Lloyd Ogilvie, *Falling into Greatness* [Entra en la grandeza], Thomas Nelson, Nashville, 1984.
5. Génesis 40.14-15.

Capítulo 6
1. Andy Andrews, ed., «Erma Bombeck» en *Storms of Perfection 2* [Tormentas de perfección 2], (Lightning Crown Publishers, Nashville), 1994,
2. Brodin, «La clave para recuperarse», *Discipleship Journal*, número 109, 1999, p. 67.
3. «Donde se arreglan las fallas», *Fortune*, 1 de mayo, 1995, p. 64.

Capítulo 8
1. David Wallechinsky, *The Twentieth Century* [El siglo veinte], Boston: Little, Brown, 1995, p. 155.

Sobre el autor

Conocido como el mejor experto sobre liderazgo en Estados Unidos, JOHN C. MAXWELL es fundador del INJOY Group, una organización dedicada a ayudar a las personas a elevar al máximo el potencial de su personal y su liderazgo. Por medio de seminarios, libros y cintas, el Dr. Maxwell estimula, enseña y motiva a más de un millón de personas cada año. Es autor de más de veinticinco libros, inclusive éxitos de librería *Las 21 leyes irrefutables del liderazgo, Las 21 cualidades indispensables de un líder, Desarrolle el líder que está en usted, Las 17 leyes incuestionables del trabajo en equipo, El mapa para alcanzar el éxito y El lado positivo del fracaso.*